VIVIR
NO TOX

IZANAMI MARTÍNEZ

VIVIR NO TOX

El método para resetear tu vida

Editado por HarperCollins Ibérica, S.A.
Núñez de Balboa, 56
28001 Madrid

Vivir Notox. El método para resetear tu vida
© 2020, Izanami Martínez
® Notox es una marca registrada
© 2020, para esta edición HarperCollins Ibérica, S.A.

Diseño de cubierta: Rudesindo de la Fuente
Imágenes de cubierta: Shutterstock

I.S.B.N.: 978-84-9139-438-9
Depósito legal: M-38420-2019

A mis hijos

```
VIVIR
NOTOX
```

OBERTURA

Después de un largo verano de amor y libertad en la isla de Formentera a finales de los años cuarenta, mi padre y un grupo de amigos decidieron cruzarse Europa en furgoneta buscando otra realidad, otra perspectiva. Vista y vivida, fueron uno a uno volviendo para cumplir con el servicio militar, pero mi padre había encontrado su sitio en un monasterio budista en la India. Y allí se quedó varios años. Cuando volvió, en el verano de 1951, lo hizo transformado y con el objetivo cumplido de haber cambiado por completo, y para siempre, su forma de ver la vida.

Y así fue, junto con Ramiro Calle, uno de los introductores y primeros maestros de la práctica del yoga en una España que no tenía nada que ver con lo que es ahora.

Conoció a mi madre en el año 1978, en uno de sus retiros de fin de semana. El domingo le metió la mano en el bolsillo, se miraron y una semana después estaban viviendo juntos. Ella, hija de un coronel del ejército de Franco, transgredió todas las normas para vivir en pecado con un hombre aún casado, pero había encontrado en la voz de mi padre muchas de las respuestas que llevaba años buscando.

Yo nací en 1984. Y mi hermana Yakami nació el mismo día del mismo mes justo dos años más tarde.

Entre mis primeros recuerdos está el amanecer. Aún medio dormida, desde la cama, jugaba a deshacer con los dedos las líneas de luz que arrojaban las persianas sobre el humo de incienso. A contraluz, mis padres hacían hata yoga junto a la ventana. Por las tardes, el salón se llenaba de silencio y cada hora llegaban desde el pasillo el murmullo sordo de los alumnos quitándose y poniéndose las zapatillas.

Si la pasión de mi padre era el yoga, la de mi madre era la educación, y en 1989 montó Ikami, un colegio diferente en el que aprender jugando. Durante cinco años, casi quinientos niños tuvimos el increíble regalo de la libertad. De la libertad de explorar nuestro potencial sin límites ni etiquetas. La libertad de desarrollar nuestros talentos a nuestro ritmo y en su máxima expresión posible.

Cuando el método demostró ser muy innovador y quizá demasiado efectivo, el miedo a lo diferente se armó de burocracia para cerrar el colegio y nos arrojó embargados y aún más raros a un largo y frío exilio.

El aterrizaje en la educación convencional fue duro. El ritmo de aprendizaje, unilateral y estandarizado, pronto se volvió asfixiante y el aburrimiento se instaló, degradando la creatividad en apatía y el entusiasmo en frustración. Pero mi madre había visto demasiado aburrimiento convertido en fracaso escolar durante toda su carrera profesional como para quedarse de brazos cruzados y no paró hasta conseguir que me permitieran estudiar cuatro cursos en dos años.

Y me quedé fuera. Así, de un plumazo, se me expulsó de la adolescencia y me convertí en la espectadora en-

cogida de mi propio aislamiento. Era la empollona, la superdotada que salía en los periódicos porque se creía más lista que nadie; la gafotas cuatro ojos, capitán de los piojos, que llevaba ropa heredada de los ochenta en plena locura Destiny's Child y no tenía edad, ni ética ni legal, para ir a ninguna fiesta.

Terminé el instituto con quince años y con la necesidad punzante de ser, de existir, de pertenecer a algo: porque la soledad dolía y manchaba, como una regla inoportuna con pantalones blancos. Y así, con un «se van a enterar» como mantra diario, me arrojé a convertirme en todo lo contrario a lo que había sido. Cambié la dieta vegetariana con la que me había criado por el abrazo pasional de la comida basura y el tabaco. Me quité las gafas, me depilé las cejas y, sin aparato y con una recién estrenada capacidad de decisión sobre lo que entraba en mi armario, me arrojé a la fría sordidez del mundo de la noche. A ver quién se iba a reír ahora. Pero no se reía nadie, porque no estaban mirando. Aunque yo los arrastraba a todos con cada decisión, convirtiendo el miedo a su rechazo y la venganza por sus risas en el motor silencioso de todo lo que hacía.

De ser la lista pasé a estar buena, y pronto descubrí en otros cuerpos el sucedáneo corrosivo de la aceptación que tanto necesitaba. Aún hoy escuecen los agujeros que dejó la entrega. Aún hoy, hay partes de mi cuerpo que al mínimo roce, se cierran.

Buscando la redención volví a casa y estudié Humanidades, Ciencias Políticas, Psicología y Criminología hasta que encontré en la Antropología, la ciencia que analiza lo biológico del Homo sapiens en su intersección con la cultura que le rodea, la respuesta a todo lo que me intrigaba sobre lo humano.

Y mientras estudiaba, perseguí la aceptación conti-
nuando la saga familiar del yoga y empezando a dar,
una detrás de otra, miles de horas de clase. Pero la ense-
ñanza, en vez de acercarme, me alejó y cambié el porta-
zo de mi padre por la primera de una de esas relaciones
intensas y abusivas que hacen que te sientas viva.

Pero estaba muerta.

Y volví a huir para buscar la vida en tarimas de disco-
teca, consejos de administración y ruedas de prensa. La
busqué en el tabaco, en las copas y en la purga sorda de
atracones trasnochados. La busqué, y de tanto buscarla,
me olvidé de lo que era y de lo único que fui capaz ya
fue de esconderme de mí misma. En la huida, pasé de
coreografiar bailarines semidesnudos a presidir asocia-
ciones y compañías. Pasé de la seguridad de un baño
cerrado en los recreos a la exposición brutal y efímera
de los escenarios.

Y me aferré a exprimir el tiempo, frenética, porque si
paraba de correr, si conectaba, sabía que el dolor del que
estaba huyendo me estaría esperando impaciente para
impedir que volviera a apartarle la mirada. Hasta que mi
cuerpo cedió y se empezó a resistir, violento.

Entonces, de pronto, me di cuenta de que lo que tenía
delante me daba más miedo que lo que me perseguía y,
aterrorizada, paré. ¿Sabes cómo los tornados arrastran
en espiral pedazos de vida a su paso? Cuando dejé de
correr, frené la fuerza centrípeta y los trozos de mi exis-
tencia se fueron derrumbando.

He observado cómo caían, uno a uno, durante algo
más de tres años. Y, desde el centro del colapso, he espe-
rado por ellos; a veces sobrepasada, pero determinada
siempre a irme recomponiendo paso a paso.

Porque al romperme entendí que la única relación tóxica que había tenido en mi vida había sido conmigo misma. Todas las demás habían sido solo un reflejo.

Mira a tu alrededor e imagina, por un momento, cómo sería tu vida sin absolutamente nada de lo que te rodea: sin calefacción en invierno y sin aire acondicionado en verano. Sin sistema sanitario, ni seguridad, ni tiendas. Sin electricidad, agua potable o desarrollo urbano.

Cómo sería tu vida si para comer tuvieras que hacer muchísimo más que abrir la nevera; si tuvieras que cazar durante días, caminar kilómetros o simplemente esperar a que madurara algo.

Piensa cómo sería tu vida a la intemperie, sin colmillos ni garras, sin pelaje para protegerte, compartiendo un entorno hostil e impredecible con otras especies.

Esa vida, tan impredecible y dura, es la que ha dado forma a lo que somos hoy a todos los niveles, porque llevamos millones de años desarrollando, perfeccionando y automatizando las estrategias necesarias para sobrevivir a ella.

Todo este aprendizaje animal, mamífero y, por último, humano, está pregrabado en nuestros genes en detonantes innatos. Así, para que no tengamos que andar haciendo pruebas, llevamos codificada la lista de lo que siempre ha sido peligroso, para que la vida no nos pille por sorpresa.

Así, cuando nuestro cerebro detecta uno de estos estímulos, pone en marcha, de forma inmediata e inconsciente, el mecanismo de supervivencia más adecuado.

Y la expresión de estos mecanismos va mucho más allá de luchar mejor o correr más rápido: estos mecanismos regulan lo que queremos, lo que sentimos y cómo pensamos. Y así, vivimos más de lo que nos gustaría con el piloto automático activado, condenados a repetir una y otra vez las conductas que nos funcionaron en el pasado sin explotar el increíble potencial que nos hace humanos.

En algún momento hace unos 70.000 años, empezó a desplegarse en nuestro recién estrenado neocórtex, el área más desarrollada de nuestra corteza cerebral, la capacidad que nos libraría del condicionamiento evolutivo para cambiarlo absolutamente todo: nuestra capacidad de crear. Y sobre eficientísimos mecanismos de cooperación y supervivencia, fuimos desarrollando la capacidad que transformó para siempre los límites de lo que era capaz un animal. Porque somos el único animal con la habilidad de imaginar lo que aún no existe y de encontrar la manera de materializarlo. Y así, hemos pasado de lanzas a lanzaderas espaciales, de pinturas rupestres a inteligencia artificial, de tribus aisladas a una tribu global interconectada de miles de millones.

Somos el primer animal que ha hecho algo más que evolucionar para sobrevivir a su entorno, lo hemos reimaginado y recreado desde cero para transformarlo en un lugar en el que desarrollar nuestro potencial cómodamente. Y todo ese potencial está ahí, a nuestra disposición, pero los mecanismos evolutivos que nos han traído hasta aquí son, en este nuevo entorno, los que nos están poniendo la zancadilla.

Me di cuenta del impacto brutal de esta perspectiva antropológica en lo que somos hoy a raíz de una conversación con un médico una tarde de otoño.

Mi equipo y yo estábamos desarrollando una plataforma de telemedicina para una empresa farmacéutica y yo llevaba algo más de un año hablando con médicos, gerentes de hospitales, pacientes y directivos de aseguradoras. Mi objetivo era descubrir cómo las videoconsultas podían ayudarles a resolver sus problemas y, en última instancia, encontrar por fin la salida comercial a lo que estábamos creando.

Armada de argumentos tecnológicos y cifras de eficiencia económica, su respuesta me pilló totalmente por sorpresa: «Nuestro principal problema es que no tenemos herramientas para curar a la mayoría de nuestros pacientes. Y no es por falta de tecnología, sino porque prácticamente todas las enfermedades que nos entran por la puerta están causadas por los hábitos, y la herramienta que tenemos para combatirlas son medicamentos que solo ponen fin a los síntomas, pero no son una cura definitiva; si dejas las pastillas de la tensión, vuelve a subir, y lo mismo ocurre con el colesterol, la depresión, los dolores de espalda... Es básicamente como entrar en una casa en llamas y apagar la alarma de incendios».

Y así, con apenas un puñado de palabras, se sembró en mí la semilla de la revolución.

Porque mi sorpresa evolucionó hacia la incredulidad. ¿Cómo era posible que en la cima de nuestra evolución cognitiva no supiéramos cómo evitar y curar las enfermedades más letales y extendidas? Empecé a devorar datos epidemiológicos.

Y cuanta más información absorbía, más veía reflejado el forcejeo de mi vida. Los ataques de ansiedad, los periodos de depresión y el agotamiento crónico reflejados en cientos de millones de personas. Mi incapacidad para esquivar el sobrepeso con sacrificios, productos y dietas en varios miles de millones de seres humanos.

Y es que estar mal está tan terriblemente extendido que lo hemos normalizado culturalmente como una consecuencia inevitable del paso de los años o como una constatación física de nuestra poca fuerza de voluntad. Hemos asumido que el cuerpo es una especie de caja negra a la que realmente no le afecta demasiado lo que hagamos. Y luego, cuando enfermamos, lo achacamos a la mala suerte.

¿La relación de causa y efecto se puede aplicar a todo salvo a nuestros hábitos? ¿De verdad? ¿O es que sencillamente no sabemos por qué enfermamos?

Leyendo y contrastando estudios científicos, metaestudios y revisiones sistemáticas pude comprobar, sin mucho esfuerzo, que la ciencia sí que sabe (y de forma prácticamente unánime) cuáles son las causas de las enfermedades más comunes y cómo evitarlas, pero, por algún motivo, ese conocimiento no termina de permear en nuestro día a día.

Porque desde que un conocimiento científico se hace unánime hasta que empieza a estudiarse en las universidades de medicina transcurren una media de quince años. Porque la seguridad de los químicos que comemos, respiramos y nos untamos cada día se demuestra (o no) años después de que hayan salido al mercado. Porque la alimentación es una de las principales causas de enfermedad, y ni los médicos estudian nutrición en la carrera ni los niños en los colegios.

Esta desconexión con nuestra salud es puramente cultural y tremendamente reciente. Y ahí fue donde la perspectiva antropológica transformó mi visión del problema, porque las respuestas a por qué no vivimos plenamente y cómo empezar a hacerlo están escritas en la biología de nuestro organismo y en la forma en que responde a lo que le rodea.

Yo necesitaba (y mucho) aplicarme todo lo que estaba aprendiendo. Toda una vida huyendo hacia delante, espoleada por el miedo y ensordecida con placeres tan absorbentes como efímeros, me habían llevado ya un par de veces al colapso y necesitaba desesperadamente que algo de todo lo que hacía por intentar cuidarme funcionara de verdad.

Mi primer paso para vivir Notox fue empezar a priorizarme.

Madre primeriza, emprendedora e infectada con el virus de poder con todo, no me quedaban ni un minuto ni un pensamiento al día para mí y me pasaba el tiempo poniéndole la máscara de oxígeno a todo el mundo mientras yo a duras penas podía respirar. Y para el proceso que tenía por delante necesitaba tomar mucho (muchísimo) aire. Porque estaba rompiendo con la inercia de toda una vida. Porque tenía que rehacerme desde los cimientos. Porque muchas de las cosas que me disponía a cambiar iban a chocar con las expectativas de la gente. Y no iba a ser nada fácil.

Así que tenía que recoger toda la motivación y toda la energía que había esparcido por las vidas de los demás y concentrarlas de una vez por todas en recuperar la mía.

Había comprendido que estar bien no consistía en hacer mil cosas nuevas; estar bien iba de dejar de hacer las cosas «tox» que me estaban impidiendo desarrollar todo mi potencial. Y eso significaba que ya tenía dentro de mí todo lo que necesitaba, estaba completa, estaba preparada; solo necesitaba ser capaz de convertirme en una prioridad para mí misma y así poder concentrarme en transformar mis hábitos. Tan sencillo y tan complicado como eso.

Complicado y casi imposible porque, al final, anteponer las prioridades de los demás había llegado a formar parte de mi identidad, era mi manera de ser buena persona. Izanami era una jefa estupenda, una madre entregada, la pareja perfecta... y si dejaba de ser todo eso, ¿qué me quedaba?

Quedaba un ser egoísta, una de esas personas sin escrúpulos que anteponen sus necesidades a las de los demás sin remordimientos. Y eso iba en contra de toda moralidad, o eso es lo que había aprendido, que desvivirse por los demás sin condiciones ni quejas era el único camino para ser una persona decente.

Pero un día me di cuenta de que las veces que más daño había hecho a otras personas, lo había hecho desde mi dolor; que, probablemente, sin ese dolor anegándome, no habría encontrado la acidez necesaria para hacer sufrir así a quien tenía delante. ¿Sabes ese placer momentáneo que te proporciona desahogar tu frustración en otra persona? Quizá se deba a que, al arrastrarla al mismo dolor que llevas dentro consigues de alguna forma sentirte acompañado. Y así afiancé la intuición de que la gente que es verdadera y completamente feliz es incapaz de hacer daño a nadie.

Y yo no era feliz, ni siquiera a medias. Huir de mí misma me había dejado agotada, frustrada e histérica: era una central nuclear defectuosa a punto de desatar una catástrofe radiactiva cada vez que alguien ponía a prueba mi paciencia.

Y ponían a prueba mi exigua paciencia todas las personas que formaban parte de mi vida. De lo cercanas que fueran dependía mi capacidad de tragarme la radiactividad, pero incluso con los amores de mi vida, a veces tenía que salir de la habitación a vaciarme en un cojín con un puñetazo.

Y así, era una jefa estupenda que entre sonrisas y favores sentía la necesidad de controlar hasta el último detalle del trabajo de su equipo.

Era una madre entregada que a la vez que acaparaba toda la relación y el tiempo con mi hijo, me quejaba constantemente de estar profundamente agotada y sola ante el peligro.

Era la pareja perfecta, complaciente y abnegada, que a base de esconder mis anhelos me había exiliado al fondo de mí misma y vivía inaccesible para la persona a la que amaba.

Por este motivo, darme prioridad a mí misma no era egoísta, sino que se trataba de la única manera de recuperar mi vida.

Así que, arrancándome la culpabilidad a pegotes, empecé a priorizarme en todas las decisiones y, en un intento de apagar el piloto automático y ser consciente de cada una de ellas, me di cuenta de que prácticamente todas las tomaba por miedo.

A la hora de elegir qué comer, tomaba la decisión el miedo a engordar, el miedo a seguir sintiendo ansiedad o el miedo a lo que pensarían los demás si no me pedía también una *pizza*. Muy pocas veces (casi ninguna) me daba la oportunidad de elegir algo porque me apeteciera o me cuidara. Y era normal: todas las cosas que creía que eran sanas no me hacían sentir mejor, y la costumbre de limitar las calorías me había llevado a una espiral de atracones y desnutrición.

Entonces le di la espalda al *marketing*, amplié mis

conocimientos y desapareció el miedo. Porque cuando entendí cómo funciona nuestro sistema hormonal descubrí que cuantas menos calorías comes, menos grasa quemas; que los atracones son el rugido de supervivencia del hipotálamo (la parte del encéfalo situada en la base del cerebro), y que vomitar era el resultado de sentirme culpable por intentar vaciar una piscina con un colador.

Dejé de comer «productos» y empecé a comer «comida», de forma que logré reequilibrar el termostato innato que regula nuestro porcentaje de grasa, y nunca más, jamás, volví a contar calorías.

En mi esfuerzo por volver a conectar, por empezar a tomar decisiones de forma consciente, me di cuenta de que había perdido por completo la autoridad sobre lo que pensaba y lo que sentía. Me creía absolutamente todo lo que razonaba mi pensamiento consciente y me dejaba arrollar por todas y cada una de mis emociones. E igual que entender cómo funcionaba mi organismo me ayudó a resetear mi relación con la comida, el hecho de comprender, gracias a los últimos descubrimientos de la neurociencia, cómo funciona nuestro cerebro me abrió las puertas a la felicidad más profunda y verdadera.

Porque descubrí que no somos lo que pensamos, que la voz de nuestro pensamiento consciente representa un pequeño porcentaje de toda nuestra capacidad de procesamiento cerebral y que de 70.000 pensamientos que tenemos al día, el 90 % son reiterativos y el 80 % negativos. Al entender que yo era mucho más que esa voz insistente y avinagrada, recuperé la perspectiva necesaria para poder controlarla.

Asimismo, recuperé el control sobre mis sentimientos desbocados; entendí su función evolutiva como respuesta hormonal, pero a su vez reconocí que, igual que no soy lo que pienso, tampoco soy lo que siento.

Ya centrada, me abalancé a recuperar la felicidad que recordaba de la infancia. Y comprobé que lo que Aristóteles intuía, hoy lo demuestra la ciencia, y que la felicidad que nos da el placer es efímera por diseño. Y así, atrapados en un círculo vicioso de adicción evolutiva, vamos agrandando el vacío, alejándonos cada vez más de la felicidad, porque la felicidad nos está esperando justo al otro lado del dolor, en nuestro potencial extraordinario.

En este viaje a través del placer, el miedo y el dolor me han acompañado miles de personas. Alumnos que en cursos presenciales o a través de nuestra plataforma digital han ido, paso a paso, librándose del condicionamiento evolutivo para trascender por fin lo animal y acceder a su poder innato.

Y, juntos, hemos descubierto que la felicidad es nuestro estado innato y que está ahí, esperando a que pongamos de nuevo lo biológico a trabajar a nuestro favor y dejemos de vivir secuestrados por el miedo cronificado.

En este libro vas a encontrar experiencias personales que quizá te inspiren o quizá te remuevan por dentro. Vas a entender el porqué evolutivo del placer y del miedo y cómo se escriben biológicamente en nuestro cuerpo, y vas a tener el espacio para transformar tu experiencia en los peldaños hacia la expresión más poderosa y auténtica de todo tu potencial.

¿Me acompañas?
Empezamos.

EL PLACER

Y tras varios tequilas
las nubes se van
pero el sol no regresa…

La Quinta Estación

PLACER

placer[1]

Del lat. *placēre*.
Conjug. modelo.
1. intr. Agradar o dar gusto.

placer[2]

1. m. Goce o disfrute físico o espiritual producido por la realización o la percepción de algo que gusta o se considera bueno.

2. m. Diversión, entretenimiento.

3. m. desus. Voluntad, consentimiento, beneplácito.

He mantenido una relación tóxica y especialmente complicada con la comida durante algo más de quince años. No ha sido más que el reflejo de la relación tóxica que tenía conmigo misma, que encontró en lo que comía un vehículo más para cronificar el miedo: el miedo a no ser suficiente, a no estar a la altura, a no merecer la pena.

Y así, todo lo que comía o dejaba de comer se convertía siempre en un detonante más: me daba miedo perder el control y comer demasiado. Me daba miedo engordar y me daba miedo que me sentara mal algo. Me daba miedo lo que pensara la gente si engordaba mucho o si adelgazaba demasiado y me daban miedo (y mucha pereza) las reacciones de los demás al verme comer de forma diferente.

Y, a la vez, comer era de lo poco que me hacía momentáneamente feliz. El mero hecho de comer llenaba por unos minutos el vacío; llegar al fondo de una tarrina de helado era lo más parecido a un abrazo y abrir una caja de *pizza* humeante me hacía sonreír.

La brutal caída que venía justo después no hacía más que agrandar el vacío, hacerlo más profundo, más doloroso, más frío. Y así, cada vez necesitaba más cantidad, más veces al día, para poder sobrellevar la jornada.

Estaba totalmente secuestrada en un lugar en el que por mucho que comía no se me quitaba el hambre, por mucho que bebía no saciaba mi sed; corría sin moverme del sitio y gritaba muda, sin poder separar los labios.

Era rehén del placer. De ese placer que dan las cosas ricas, todas esas cosas que son malas para la salud pero que a la vez son tan irresistibles. Ese placer inevitable, involuntario y contraproducente. Como el de las relaciones complicadas, las copas o el tabaco: sabes que no puede ser bueno, pero, a pesar de todo, eres incapaz de hacer nada para evitarlo. El tipo de placer en el que buscaba la felicidad para solo encontrar un dolor cada vez más ácido. Necesitaba dejar de usar el placer, sentirme menos vacía, porque lo único que estaba consiguiendo era romperme aún más por dentro.

Y lo peor es que, de tanto utilizar el placer para llenar el vacío, estaba atronando mi vida con un ruido ensordecedor que no me dejaba tomar perspectiva. Estaba tan absorta en hacer girar mi rueda de hámster de tabaco, chocolate, aplausos, *pizzas* y copas de vino que ni siquiera me paraba a plantearme que algo no iba bien, que la vida tendría que ser otra cosa, más fácil, más productiva y mucho menos dolorosa.

El placer, arrancado de su propósito evolutivo, era el pan y el circo que me mantenía enganchada, sin acceder a mi potencial y sin ser siquiera consciente de que tenía un problema.

Para mirarme de frente y volver a tomar las riendas, primero necesitaba apagar el ruido. Porque la relación tóxica que tenía con la comida, con el tabaco y con mi cuerpo no era el problema: la forma en la que estaba usando el placer no era más que un síntoma de lo rota que estaba por dentro.

Y, antes de poder sumergirme para identificar el daño y repararlo, tuve que empezar por resolver mi relación con el placer entendiendo su porqué evolutivo y su cómo biológico. Porque el placer, como todos los motores de nuestro comportamiento, tiene un propósito. El placer es un mecanismo que ha evolucionado para ayudarnos a sobrevivir durante cientos de miles de años, y solo comprendiendo su porqué, iba a ser capaz de racionalizarlo y salir de la espiral destructiva en la que me había atrapado.

Por lo tanto, para ser capaz de resetearme necesitaba entender cómo se escribe el placer en el cuerpo, cómo afecta a nuestra biología, qué y cuánto nos detona y hasta dónde podemos llegar para recuperar el control sobre lo que nos destroza.

Porque no podemos elegir qué nos da placer, pero podemos elegir dónde encontrarlo, y yo estaba a punto de embarcarme en uno de esos viajes que te transforman por completo. Porque iba a mirar de frente a los placeres con los que estaba intentando llenar el vacío y, uno a uno, separar los útiles de los contraproducentes y encontrar la manera práctica de librarme de ellos.

EL PORQUÉ
EVOLUTIVO

1. EL PLACER

Meterme en la cama con las piernas desnudas y notar las sábanas frescas y recién planchadas.

Un masaje lento, profundo, de esos que huelen a vainilla.

El olor del café solo por la mañana.

El primer cigarro del día.

Una conversación clandestina, salpicada de carcajadas, disfrazada de banalidad.

El chocolate sobre la lengua, justo después de chascar la primera onza entre los dientes.

La música. En directo. En primera fila.

Una avalancha de likes *en esa foto que subiste sin muchas expectativas.*

Un abrazo de verano. Con caricias largas en la espalda y los pies hundidos en la tierra.

El jadeo triunfante, casi eufórico, que te dobla por la cintura justo después de correr muy rápido.

El queso: untado, gratinado, rallado, derretido o en aceite.

Un orgasmo inesperado, que llegue solo, sin buscarlo mucho, y que se lleve tu razón por delante.

Tomar el primer sol de la mañana, sobre arena aún sin pisar, al borde de las olas.

Que te mire, que te elija de nuevo, que vuelva contigo. Aunque sea solo por unas horas.

Evolutivamente tenemos una misión: no morir hasta haber contribuido a la perpetuación de la especie. Lo que somos y cómo funcionamos es una superposición de estrategias de supervivencia perfeccionadas y automatizadas durante varios millones de años.

Heredamos por epigenética el conocimiento de las cosas que nos matan y de las cosas que nos acercan a nuestro propósito evolutivo y traemos de serie las estrategias automatizadas para sobrevivir a un entorno hostil e incierto. Así, nacemos con la experiencia de todos nuestros ancestros registrada y organizada en una especie de biblioteca de supervivencia que se acciona en reacciones innatas para saber, nada más nacer, qué es bueno o malo y cómo actuar ante ello sin tener que empezar de cero.

Esta colección de estrategias se activa de forma inconsciente e inmediata cuando nuestro cerebro detecta un detonante en nuestro entorno, cuando lo imagina o cuando lo recuerda. Cada estrategia tiene su propio circuito neuronal y su cadena de reacciones neuroquímicas y hormonales están automatizadas. Así, hay estrategias disuasorias, motivantes o preventivas, y absolutamente todas son el motor silencioso e inesperado de nuestro comportamiento.

Una de las principales estrategias motivantes es el placer. El placer es la recompensa neuroquímica involuntaria que recibimos al llevar a cabo aquellas cosas que son buenas para nuestra supervivencia y para la continuidad de la especie, porque es con el placer con lo que nuestro cerebro nos premia cada vez que adoptamos alguno de los comportamientos que tiene pregrabados como productivo.

Así, la mayoría de las cosas que nos generan placer tienen un porqué evolutivo. Un porqué que quizá en este nuevo ecosistema se ha desvirtuado, pero que en su origen estaba completamente justificado, porque todas las cosas que nos daban placer eran buenas para nuestra supervivencia y para la continuidad de la especie.

Pero nuestra forma de vivir ha cambiado tanto que la manera en la que el placer guía nuestro comportamiento se pervierte hoy con otros detonantes nuevos, sintéticos y frenéticos, que nos secuestran la consciencia y nos dejan aún más en carne viva el vacío que estábamos intentando llenar con ellos.

Y así, el placer se ha convertido en algo que perseguimos y escondemos, en una fuente de bienestar efímero y de vergüenza, de envidias y de comparaciones eternas, en el único camino que conocemos para alcanzar la felicidad. Pero cuando entendemos que el placer no es más que una inevitable estrategia de motivación de nuestro cerebro, podemos tomar la perspectiva necesaria para empezar a racionalizarlo y, sin renunciar a él, elegir conscientemente dónde encontrarlo.

Nos dan placer muchas –muchísimas– cosas que, evolutivamente, se pueden categorizar en tres grandes grupos:

· Las cosas que nos empujan a sobrevivir.
· Las cosas que nos empujan a crear.
· Las cosas que nos empujan a reproducirnos.

Y así, para sobrevivir tenemos que cazar, recolectar, comer, cooperar y comunicarnos. Para crear tenemos que resolver problemas, manipular y fabricar herramientas e imaginar cosas nuevas. Para reproducirnos tenemos que exhibirnos, destacar, cortejar, penetrarnos y colaborar cuidando.

Aunque un porcentaje de la población humana hoy en día no necesite cazar ni recolectar para alimentarse y comamos más productos que comida; a pesar de que la pasión no sea solo reproductiva, y la soledad no sea ya necesariamente una sentencia de muerte, los mecanismos biológicos del placer siguen ahí, afianzados durante cientos de miles de años, llevando la batuta de muchas de las decisiones que creemos que tomamos conscientemente.

1.1 LA CREACIÓN

Compartimos con el resto de los animales muchas más cualidades de las que desde nuestras creencias etnocentristas nos gustaría. Llamamos humanidad a la empatía que compartimos con el resto de los mamíferos y a la capacidad de perdón que tenemos todos los primates. Nos emociona nuestra capacidad de organización y cooperación ante las tragedias, pero se nos olvida que tales comportamientos se les dan aún mejor que a nosotros a las hormigas y a las abejas.

Y es que lo que nos hace humanos es otra cosa: nuestra extraordinaria capacidad de imaginar lo que aún no existe y de encontrar la forma de manifestarlo. La creatividad no es el atributo de unos pocos afortunados, es precisamente el potencial de crear lo que nos define como seres humanos y es lo que nos ha permitido transformar por completo nuestro entorno hasta convertirlo en un lugar en el que, en vez de luchar por sobrevivir, tenemos la oportunidad de seguir creando.

Los humanos más creativos siempre hemos sobrevivido mejor a las situaciones adversas, así que, generación tras generación, desde que empezamos a desarrollar el neocórtex hace algo menos de 100.000 años, hemos evolucionado para que el placer nos motive también a imaginar algo y manifestarlo.

Y así, desde que nacemos, desarrollar esa capacidad de idear lo inexistente y de vivirlo, recrearlo y transformarlo se convierte en una necesidad arrolladora. ¿Cuántas horas seguidas serían capaces de jugar los niños si les dejáramos?

Cuando los niños juegan, están poniendo a trabajar el área del cerebro evolutivamente más reciente y más potente y desarrollada neurológicamente: el neocórtex. A través del juego acceden a todo su potencial y viven el poder inigualable de explorarlo. Empoderados, su organismo los recompensa con una explosión de serotonina, acetilcolina, dopamina y endorfinas que los motiva a seguir jugando todas las horas que les sea posible.

Pero cuando nos hacemos mayores denostamos la imaginación reduciéndola a poco más que una cosa de niños, y como mucho se la permitimos a ese tipo de personas que viven en las nubes, poco serias y realistas. Cuando nos hacemos mayores, amordazamos nuestro potencial de creación y dejamos la creatividad a los que trabajan en agencias de publicidad, a los escritores y a los artistas.

Pero imaginar y crear son nuestro potencial más humano y, por eso, lo creativo, lo inspirador y lo bello está biológicamente incentivado con placer innato. Y así, disfrutamos resolviendo problemas de formas completamente nuevas y disfrutamos creando y compartiendo conceptos e ideas. Disfrutamos decorando, dibujando, cantando, escribiendo y bailando. La creación y contemplación de cosas extraordinarias nos eleva emocional y biológicamente y nos da mucho –muchísimo– placer, ver florecer desde una planta hasta un proyecto que hayamos creado de cero.

Pero si la mayoría de los placeres que nos motivan a sobrevivir y a perpetuar la especie están, en este nuevo ecosistema, desplazados hacia conductas a veces lesivas y casi siempre contraproducentes, con el disfrute de jugar a imaginar nuestra realidad y manifestarla hemos hecho todo lo contrario: lo hemos amordazado. Y así, vivimos persiguiendo placeres efímeros en alimentos, situaciones y personas que no tienen por qué ser buenas para nuestra vida mientras nos privamos del placer más humano y continuo de acceder a todo nuestro potencial y crear conscientemente nuestra propia vida.

1.2 LA REPRODUCCIÓN

En la necesidad evolutiva de reproducirnos podemos encontrar el ejemplo más potente de los extremos a los que puede llegar nuestro cerebro para mantenernos motivados hacia un propósito claro: el orgasmo. Porque antes de que se inventaran los anticonceptivos, cada eyaculación en una hembra fértil era una posibilidad más de reproducción de la especie, y las hembras humanas somos fértiles solo unos pocos días al mes, así que la recompensa por intentarlo tenía que ser lo suficientemente generosa como para que nos pusiéramos a ello constantemente, maximizando todo lo posible las probabilidades de hacer diana. ¿Y qué mejor incentivo para tratar de mantener todas las relaciones sexuales posibles que un placer inmenso?

El orgasmo es una recompensa fantástica y biológicamente fascinante; el placer eufórico, esa especie de fuegos artificiales y la profunda satisfacción somnolienta que viene a continuación son el resultado de un extraordinario proceso biológico que involucra neuronas, hormonas, músculos y órganos.

Cuando nos excitamos sexualmente, las células del cerebro producen dopamina que, además de ponernos de muy buen humor, activa el hipotálamo, para que produzca oxitocina, y las suprarrenales, para que liberen adrenalina. Y la oxitocina desata la magia: provoca la contracción de la pelvis, así como la circulación del esperma y, ayudada por la adrenalina, nos hace sudar y jadear y pone el corazón a bombear más rápido. El cerebro, estimulado, libera endorfinas que nos relajan, a la vez que produce analgesia y reduce la circulación en la corteza prefrontal, responsable de la razón y el autocontrol.

Por eso a veces nos olvidamos hasta de nuestro nombre. Por eso, en el vórtice, el mundo desaparece y solo queda un absorbente y profundo placer que después de alcanzar su punto máximo se diluye rápidamente, porque, después del orgasmo, cambiamos la dopamina, la adrenalina y la oxitocina por prolactina, que nos baja la libido, y por un suave remanente de endorfinas que nos inducen al sueño.

El orgasmo es tan potente y a la vez tan breve que cuando termina de pasar el tornado hormonal nos quedamos con ganas de más. Y así, por el mero hecho de conseguir otro orgasmo sonreímos, bailamos, seducimos, pagamos, competimos y hasta peleamos. Hacemos lo que sea necesario por volver a sentirlo; eso es lo que tiene el placer, que es necesariamente adictivo.

El orgasmo nos proporciona tanto placer porque es la culminación de nuestros intentos reproductivos, pero para motivarnos lo suficiente como para que lleguemos hasta él, nuestro cerebro incentiva además todo lo que precede al coito, de manera que el cortejo está lleno también de arrolladores momentos de placer incontrolable.

El placer de esas primeras veces y el de las reconciliaciones, aunque sean amargas. El placer de empezar y el de volver a intentarlo, el de ese «sí» sin condiciones y el de cada beso robado. El de releer los mensajes, mirar mil veces cada foto y enseñárselas a cualquiera, el placer de las mentiras piadosas y las verdades a medias. El profundo placer de los abrazos, de los masajes en los pies, en el sofá, de lado y el de las caricias furtivas cuando nadie está mirando.

Esa montaña rusa, explosiva, trepidante y a veces destructiva nada tiene que ver con la dignidad ni con lo correcto. Nos dan placer todos y cada uno de los pasos que damos hacia el coito; si nos estamos dejando la integridad por el camino, eso, para el puro objetivo reproductivo, es irrelevante. Porque el placer no entiende de monogamia, ni de fidelidad, ni de respeto.

Así, yo he disfrutado muchísimo incluso cuando estaba violando la confianza ciega de otra persona, y he experimentado la creciente necesidad de relaciones destructivas y tóxicas. Porque el placer va de lo que es bueno para la especie, no de lo que te mereces como persona.

Tardé algo más de quince años en escapar del condicionamiento evolutivo de las feromonas. Después de millones de decibelios de gritos, de piscinas de lágrimas y de toneladas de cemento en el pecho, tuve que darme de bruces en un fondo lleno de cristales rotos para separar mi dignidad del placer y empezar a buscarlo allá donde no tuviera que hacerme daño para conseguirlo.

Porque que te miren, que te elijan y que te correspondan siempre proporciona placer, pero ese placer no debería ser lo único que garantice el acceso inmediato a cualquiera a nuestro tiempo y energía más sagrados.

1.3 LA SUPERVIVENCIA

Todo lo relacionado con la reproducción nos da mucho placer, sea o no tóxico el intercambio, y lo mismo pasa con nuestra propia supervivencia, estamos motivados para hacer las cosas que durante cientos de miles de años han demostrado que nos mantenían con vida, aunque esa lógica evolutiva hoy, en muchas ocasiones, ha perdido su sentido.

Y es que llevamos ya cientos de miles de años así, sin pelaje que nos proteja del frío ni garras ni colmillos para cazar a nuestras presas, y durante todo este tiempo nuestra supervivencia ha dependido en gran parte de pertenecer a un grupo con el que cazar, recolectar, construir y proteger refugios.

Esta necesidad de pertenecer, de formar parte de algo, está directamente grabada en nuestra biología y, desde ahí, dirige hasta el más mínimo detalle de cómo nos relacionamos. Y así, al igual que el placer nos motiva a seguir reproduciéndonos, nos motiva también a hacer todas las cosas que son buenas y necesarias para sentirnos integrados.

Por eso, también nos da placer (y mucho) relacionarnos. Disfrutamos de la amistad, de sentir que pertenecemos a algo. Disfrutamos compartiendo y ayudando, sintiéndonos comprendidos y amados. Porque para evitar la peligrosa soledad es imprescindible que cuidar, querer, colaborar y estar juntos nos dé placer y que nos den un miedo visceral la vergüenza y el rechazo. Porque, no siendo ni los animales más fuertes ni los más rápidos durante millones de años, la soledad ha sido una sentencia de muerte casi inevitable.

Saber que estamos integrados en un grupo social y que tenemos una red de apoyo cerca dispuesta a cuidarnos es, literalmente, necesario para nuestra supervivencia. Por eso, también, nos da tanto placer tocar y ser tocados.

Todo empieza a partir del primer segundo de vida. En los orfanatos masificados, los bebés que apenas son tocados dejan de crecer e incluso mueren. En las salas de neonatos, los prematuros a los que se les toca cuarenta y cinco minutos al día durante cinco días ganan un 47 % más de peso que los que solo reciben tratamiento médico.

Quizá es porque el inmenso esfuerzo de crecer solo tiene sentido si va a haber alguien a nuestro lado para asegurarse de que salgamos adelante. Quizá es por eso por lo que nuestros bebés nos piden constantemente brazos y no porque sean unos chantajistas malacostumbrados.

Cuando nos tocan se activa la corteza orbitofrontal cerebral, hogar de la sensación de recompensa y de la compasión. Cuando nos tocan y cuando tocamos aumenta el tono del nervio vago y, con ello, bajan los niveles de cortisol, la hormona del estrés, y suben los niveles de serotonina, el antidepresivo y anestésico natural del organismo.

Y cuanto más nos tocan y más tocamos, más se fortalece nuestro sistema inmunitario. De hecho, hay estudios que demuestran que un abrazo antes de dar un discurso o de hacer un examen mejora nuestros resultados. Y es que tocar mejora el rendimiento y el comportamiento. Los equipos deportivos cuyos jugadores se tocan más durante el partido, juegan mejor. Y cuando se nos priva de contacto físico, los mamíferos nos volvemos más agresivos.

Tocarnos es también instrumental para comunicarnos. En la Universidad de Berkeley hicieron un experimento fascinante: construyeron un muro que dividía en dos el laboratorio y dejaron un agujero circular por el que solo cupiera un brazo. Dos extraños, en silencio, se colocaban uno a cada lado del muro, a uno le daban una lista y el otro esperaba.

En la lista se enumeraban una serie de emociones que la persona tenía que intentar transmitirle al otro tocándole el brazo con un dedo durante solo un segundo. Dado el número de emociones que había en la lista, las probabilidades de que la otra persona acertara lo que le estaban intentando hacer sentir eran del 8 %. Pero cientos de participantes acertaron, una y otra vez, entre el 50 % y el 60 % de las veces.

Y es que comunicar nuestras emociones es funda-mental para sobrevivir y para cuidar, para colaborar y para crear vínculos sólidos. Por eso, nuestra capacidad de comunicación va muchísimo más allá del lenguaje hablado y, por diseño evolutivo, somos animales nece-sariamente empáticos.

Al placer que nos da sentir que formamos parte de un grupo, que estamos acompañados, le pasa lo mismo que al placer del cortejo: es independiente de cómo nos estén tratando. Si hay un placer que en este nuevo ecosistema se ha desbocado hasta llegar a secuestrar gran parte de nuestra intención y nuestro tiempo es el placer innato de recibir la validación de los que nos rodean.

Cuando el placer de la validación del grupo saltó al mundo digital, el diseño intencional de las plataformas que usamos decenas de veces, cada día, exacerbó los circuitos de recompensa de nuestro cerebro arrojándo-nos a un bucle infinito de comparación y aspiraciona-lidad sin límites.

Y así, una vez que ha sido hackeada la vía mesolímbi-ca de nuestro cerebro con detonantes de dopamina fre-néticos, hemos llegado a medir la calidad de lo que so-mos y de nuestra vida por el número de *likes* que somos capaces de conseguir con una fotografía.

Los efectos de esta necesidad creciente de obtener cada vez más reconocimiento no son inocuos. Una simple resonancia magnética muestra cómo el cerebro se comporta igual enganchado a redes sociales que enganchado al juego o a sustancias ilegales, y varios estudios científicos confirman que dejar las redes so-ciales tan solo una semana, mejora sustancialmente la felicidad y la autoestima de quien lo intenta.

Pero si hay un placer contraproducente y tremendamente conflictivo en la actualidad es el de comer. Porque en este nuevo ecosistema en el que todo lo que
está rico es malo, y mucho, es adictivo, disfrutar se vuelve algo culpable y poder hacerlo sin consecuencias,
ofensivo.

**Yo, desde mi infierno de comer sin saciar nunca
el hambre y beber sin dejar de estar sedienta,
intenté liberarme con todos los suplementos, todos los superalimentos y todas las dietas. Furiosa
ante mi ineptitud para conseguir ningún resultado consistente y profundamente avergonzada
ante mi incapacidad permanente para controlar
mis impulsos, me di una última oportunidad y
decidí entender cómo algo que estaba diseñado
para salvarme la vida estaba intentando brutal-
mente quitármela de las manos.**

1.4 LO QUE COMEMOS

Ya sabemos que el placer es el premio hormonal que
recibimos por hacer las cosas que son buenas para nuestra supervivencia y la de la especie, que por eso nos da
placer crear, reproducirnos, relacionarnos y todo lo que
nos ayuda a mantenernos con vida, y que cuando transformamos por completo el entorno que nos rodea
transformamos también lo que fueron hasta entonces
sus detonantes.
Sabemos también que el placer no entiende ni de

dignidad ni de respeto cuando el impulso de la reproducción está de por medio, ni entiende tampoco de cómo hackea y pervierte sus circuitos el intencionado diseño de experiencia de usuario de las redes sociales.

Asimismo, hemos comprendido sobre el placer que los *Homo sapiens* somos, de todos los animales, los únicos capaces de elegir conscientemente dónde queremos encontrarlo.

En esa relación tóxica y destructiva que he tenido con la comida durante más de diez años me hacía muchísimas veces la misma pregunta: ¿por qué todo lo que está rico es malo? Y paseándome embobada por la sección de helados de cualquier hipermercado soñaba con una tregua en la que, de pronto y solo durante veinticuatro horas, las calorías no contaran.

Siempre me dieron muchísima envidia (y no de la sana) las personas a las que no les gustaba mucho el dulce y que preferían mil veces un filete a uno de esos *brownies* calentitos con helado. Porque a mí el dulce me hacía perder el poco control del que era capaz de hacer acopio y me otorgaba el dudoso superpoder de ser capaz de engullirlo sin fondo.

Pero igual que los placeres del cortejo y la reproducción, de la comunicación y el contacto, comer debía esconder un porqué evolutivo que explicara el motivo por el que se me estaba yendo así de las manos.

Y así, el viaje para entender cómo mi relación con la comida se podía haber vuelto tan tóxica se remontó a hace millones de años. Porque durante mucho tiempo no conocimos el sobrepeso, y absolutamente todo lo que estaba rico, era bueno.

Y es que durante cientos de miles de años nuestra alimentación ha sido oportunista; antes de los supermercados y las neveras, para comer teníamos que cazar, recolectar o esperar a que madurara algo. Organizados, recorríamos un área de unos ciento cincuenta kilómetros cuadrados al compás de las estaciones, comiendo y bebiendo lo que pudiéramos, cuando nos lo encontrábamos. Así, comer requería que colaboráramos y que hiciéramos mucho cardio.

Correr detrás o delante de animales era mucho más emocionante que correr en la cinta y cumplía un propósito fundamental para la supervivencia. Por eso, hacer ejercicio libera en el cerebro un torrente de hormonas de placer: es la recompensa química al esfuerzo que estás haciendo por sobrevivir.

Todo empieza en los músculos, cuando comienzan a contraerse y a relajarse el cerebro reacciona y libera un cóctel químico diseñado para ayudarnos a conseguir nuestro objetivo: primero, adrenalina y noradrenalina, que mejoran el rendimiento físico aumentando los niveles de glucosa en sangre, la tensión arterial y el flujo sanguíneo. Después, una proteína llamada BDNF que prepara al cerebro para aprender, memorizar y reaccionar más rápido. Esta proteína mejora nuestra plasticidad cerebral como un superpoder que nos permite adaptarnos más rápidamente a las situaciones y a grabar en la memoria los resultados. Optimizados el cuerpo y la mente, la serotonina y las endorfinas nos producen el placer necesario para que el esfuerzo físico de correr, lanzar, caminar, sudar, cargar o luchar merezca la pena, y la dopamina nos premia si conseguimos nuestro objetivo.

Esa sensación de satisfacción y placer cuando completamos una lista de tareas, cuando pasamos de nivel en un videojuego o cuando aprobamos un examen la produce la dopamina porque es, entre otras cosas, la hormona que premia el trabajo bien hecho.

Y uno de los trabajos más necesarios durante nuestra historia como especie ha sido el de conseguir comida, así que, ahora que tenemos comida disponible a poco más de cien metros las veinticuatro horas del día, el placer de conseguir los mejores frutos y cazar las mejores piezas lo hemos trasladado a las tiendas.

Porque ir de compras es la versión contemporánea de recolectar. Caminar entre productos y encontrar el que más nos guste y, a ser posible, a buen precio, activa los mismos circuitos de recompensa que si estuviéramos recolectando moras, compitiendo por el orgullo de ser quien recoge más y más hermosas. E igual que el placer nos incentiva a hacer los esfuerzos necesarios para conseguir comida, también nos premia cuando elegimos la comida más nutritiva. Por eso, antes de que empezáramos a crear productos digeribles a partir de extractos de comida e ingredientes químicos y de que les añadiéramos sabores artificiales hiperpalatales diseñados en probetas, todo, absolutamente todo lo que estaba rico, era bueno para la salud.

Por eso estaba rico, para incentivarnos a comerlo; porque al igual que nos hubiéramos extinguido en la primera generación de *Homo sapiens* si los orgasmos dolieran, no habríamos llegado muy lejos si las cosas nutritivas y saludables no estuvieran buenas.

Y lo están y mucho. Lo irónico es que, justo lo que durante cientos de miles de años ha sido imprescindible para nuestra supervivencia, hoy, pervertido en nuestro nuevo ecosistema, ha puesto al condicionamiento evolutivo en nuestra contra y ese placer innato de comer grasas y cosas dulces se ha convertido en la causa subyacente de muchos problemas de salud y de nuestra relación tóxica con la comida.

Nos gusta la grasa porque antes de que la hidrogenáramos corrompiendo su estructura molecular y de que industrializáramos también la dieta de los animales que nos comemos, la grasa no era, ni de lejos, la terrorista cardiaca e inflamatoria que es hoy. De hecho, la grasa es imprescindible para el funcionamiento del cerebro y es la fuente de energía más eficiente para el cuerpo. Los ácidos grasos de lo que comemos forman las membranas celulares de nuestro organismo y por eso nuestro cerebro es, en su mayor parte, grasa. Porque la grasa es una excelente conductora del impulso nervioso y uno de los motores de la increíble evolución cognitiva de nuestra especie.

Así, nos gusta la grasa y nos encantan los dulces. Hoy, son lo primero que nos quitamos cuando queremos perder peso, pero antes de que empezáramos a refinar los alimentos y a inventarnos potenciadores de sabor y edulcorantes químicos en laboratorios, las cosas dulces eran, como las grasas, imprescindibles para nuestra supervivencia.

Porque el sabor dulce era lo que indicaba que un fruto estaba en su punto de máxima concentración de nutrientes y esto, sumado a nuestra dieta oportunista, era determinante: sin suplementos alimenticios, ni invernaderos, ni cámaras frigoríficas, nuestra ingesta de vitaminas dependía de las estaciones, de los frutales y matorrales que hubiera a nuestro alrededor y de que llegáramos a ellos en los dos o tres días en los que la fruta estaba en su punto perfecto.

Así, cuando llegábamos, por ejemplo, debajo de una parra y teníamos la suerte de encontrarnos las uvas maduras, su sabor dulce nos impulsaba a comer todas las posibles para hacer acopio de antioxidantes, vitamina C y minerales esenciales, como el potasio, el cobre, el hierro, el calcio, el fósforo, el magnesio y el selenio. Y tenía que dar igual si llegaba el punto en el que ya estábamos saciados, el placer tenía que ser lo suficientemente irresistible para que pudiéramos seguir comiendo, aunque ya no tuviéramos más hambre. Porque las probabilidades de poder volver a recargar esos nutrientes eran inciertas y había que aprovechar y comer lo que se pudiera cuando estuviera a nuestro alcance.

Y es que estamos diseñados para sobrevivir a la incertidumbre, a la hostilidad de las inclemencias del tiempo y a la aleatoriedad salvaje de la naturaleza. Por eso el placer es, por definición, adictivo, y por eso, cuando probamos algo dulce, estamos diseñados para no poder parar de comer hasta que nos lo hayamos acabado todo.

Imaginemos, por un momento, que el placer del orgasmo durase un año entero. Que esa maravillosa sensación de plenitud y euforia, esos fuegos artificiales, se alargaran dulcemente en el tiempo convirtiendo nuestra vida en algo mucho más divertido y mucho más placentero.

Probablemente, no habríamos llegado hasta aquí. Porque cuando doce meses después se difuminara el placer y los dos quisieran volver a por más, tendría que coincidir justo con que la mujer no estuviera embarazada ni lactando y, en esa estrecha ventana, el coito tendría aún que atinar con las setenta y dos horas fértiles del mes y el embarazo, si ocurriera, tendría que superar el 25 % de probabilidad de aborto espontáneo, y el bebé lograr ser ese uno de cada dos que en estado salvaje conseguía vivir más allá de los cinco años.

Por eso, es mucho más efectivo que el placer nunca sea suficiente; que tal y como venga se vaya, dejándonos motivados para buscar más y seguir repitiendo una y otra vez las conductas que nos premia.

Por eso, hay cosas que no podemos parar de comer mientras que las tengamos delante. Porque estamos evolutivamente diseñados para que mucho dulce y mucha grasa no sean nunca suficientes y aprovechemos al máximo la oportunidad de llenar las reservas y recargarnos de energía y nutrientes esenciales.

Esto no había sido nunca un problema hasta que hace algunas décadas dejamos de comer comida para comer productos. Porque, al igual que el diseño de las redes sociales utiliza los circuitos cerebrales que premian nuestra necesidad de conectar para engancharnos en una espiral corrosiva de publicaciones, *likes* y autoestima, la industria alimentaria aprovecha lo adictivo del placer para mejorar su cuenta de resultados.

Y lo que nos queda a nosotros es una profunda sensación de fracaso. Porque nadie le ha mandado un correo electrónico al cerebro avisándole de que ahora todo lo que está rico no tiene por qué ser necesariamente bueno y así, intentar resistirse al impulso evolutivo de comer todo el dulce que tengamos delante es tan infructuoso y desesperante como intentar vaciar un cubo de agua con un colador.

EJERCICIO PRÁCTICO
Tus placeres

**No podemos elegir qué nos da placer,
pero sí dónde encontrarlo.**

Cuando entendí el propósito evolutivo del placer y cómo estaba impreso en mi biología, entendí que en este nuevo ecosistema el placer también estaba premiándome por conductas que no eran buenas ni para mí ni para mi supervivencia.

Descubrí que estaba usando ese placer exacerbado por químicos y diseños de interacción de usuario para llenar un vacío y que lo único que estaba consiguiendo era agrandar ese vacío y volverlo más ácido. Y el problema no estaba en el placer en sí mismo, porque disfrutar forma parte de la vida y nos es innato. Disfrutar es, de hecho, necesario para nuestra salud física y mental y sigue teniendo un lugar imprescindible incentivando las conductas que aún hoy son necesarias para que la especie siga evolucionando. El problema era dónde lo estaba buscando.

Porque en este nuevo ecosistema es necesario que seamos conscientes de que ya no todo lo que nos da placer es recomendable. Porque ya no todo lo que está rico es bueno para la salud y todas las relaciones que nos hacen sentir bien ahora, no tienen por qué ser productivas para nuestra felicidad a largo plazo. Porque nos rodean sustancias, productos y comportamientos que nos prestan minutos de calma a cambio de tomar

como rehén nuestra fuerza de voluntad y, sinceramente, disfrutar así, no merece la pena.

Yo sabía que mi relación con la comida estaba dañada, pero no era la única, había personas, hábitos y comportamientos que aun sabiendo que eran tóxicos repetía una y otra vez arrastrada por el simple hecho de que me hacían sentirme un poco menos vacía.

De mi larga lista de placeres… ¿cuáles eran necesarios y cuáles completamente contraproducentes?

Poniéndolos por escrito me enfrenté (y no fue fácil) a todo lo que estaba utilizando para llenar el vacío continuo que no paraba de crecer en mi interior, y uno a uno fui discerniendo qué placeres me hacían bien y cuáles me estaban destrozando por dentro.

Este fue uno de los pasos más decisivos que di para empezar a vivir Notox: tomar consciencia de que no todos mis hábitos eran buenos y de que estaba equipada biológicamente con todas las herramientas necesarias para ser capaz de resetearlos.

Te propongo hacer ahora el mismo ejercicio. Escribe, sin sopesar ni racionalizar demasiado, la lista de cosas, personas, situaciones y alimentos que usas para sentirte bien. Todo lo que te pida el cuerpo para llenar el vacío o todo lo que, cuando pasas mucho tiempo sin ello, se apodera de tu mente y ya no te deja pensar en otra cosa.

La idea es que, una vez que lo hayas puesto por escrito, reflexiones sobre el grado de dependencia que tienes hacia cada uno de tus placeres y hasta qué punto cada uno de ellos es capaz de anular por completo tu fuerza de voluntad.

A mí, por ejemplo, me encanta la música, pero podría estar sin mucho problema un mes entero sin escucharla. Sin embargo, en otros momentos de mi vida no podría haber dicho lo mismo del queso, el tabaco, el vino o de alguna de mis relaciones furtivas.

Esos placeres, los desbocados, son los que vamos a identificar en el siguiente ejercicio para tomar consciencia de cuáles son las fuentes del ruido que no te están dejando escucharte y con qué estás anestesiando los latidos de dolor del vacío.

1. COMIDA

☐ TOX
☐ NOTOX
....

☐ TOX
☐ NOTOX
....

☐ TOX
☐ NOTOX
....

☐ TOX
☐ NOTOX
....

☐ TOX
☐ NOTOX
....

☐ TOX
☐ NOTOX
....

☐ TOX
☐ NOTOX
....

2. RELACIONES

☐ **TOX**
☐ NO**TOX**

....

☐ **TOX**
☐ NO**TOX**

....

☐ **TOX**
☐ NO**TOX**

....

☐ **TOX**
☐ NO**TOX**

....

☐ **TOX**
☐ NO**TOX**

....

☐ **TOX**
☐ NO**TOX**

....

☐ **TOX**
☐ NO**TOX**

....

☐ **TOX**
☐ NO**TOX**

....

☐ **TOX**
☐ NO**TOX**

....

☐ **TOX**
☐ NO**TOX**

....

☐ **TOX**
☐ NO**TOX**

....

3. SITUACIONES

☐ **TOX**
☐ NO**TOX**
....

☐ **TOX**
☐ NO**TOX**
....

☐ **TOX**
☐ NO**TOX**
....

☐ **TOX**
☐ NO**TOX**
....

☐ **TOX**
☐ NO**TOX**
....

☐ **TOX**
☐ NO**TOX**
....

☐ **TOX**
☐ NO**TOX**
....

☐ **TOX**
☐ NO**TOX**
....

☐ **TOX**
☐ NO**TOX**
....

☐ **TOX**
☐ NO**TOX**
....

☐ **TOX**
☐ NO**TOX**
....

LO **TOX**

Cumplí los 18 en Fort Collins, Colorado. Venía de un verano raro, sucio y descolocado y llegué a casa de mi tía con mis libros de Ciencias Políticas bajo el brazo y un hambre tremenda de carcajadas, de amor y de vida.

Estados Unidos me recibió con un abrazo cálido de independencia y comida ultraprocesada y no pude hacer otra cosa que dejarme querer. Tres meses después volví a España con un piercing en la nariz, un abrigo de pelo sintético y bajo él, diez kilos más de regalo.

Mirando atrás, esos diez kilos no me habían llevado mucho más allá de un índice de masa corporal normal, pero en aquel momento, dieron el pistoletazo de salida a una relación muy tóxica con la comida.

Hasta entonces, años de danza clásica y de una alimentación bastante controlada en casa me habían mantenido siempre menos delgada que a mi hermana y, a la vez, con menos curvas de lo que a mi primer novio le hubiera gustado. Pero mi peso era estable y nunca me había preocupado.

Siempre había comido con algo de ansiedad y sin fondo, y siempre me había fascinado que mi hermana fuera capaz de dejar de comer cuando ya no tenía hambre por muy bueno que estuviese lo que tuviera delante. Pero hasta Estados Unidos, las tabletas de chocolate furtivas, las ocasionales bolsas de chucherías y los restos de tarta de cumpleaños a medianoche no habían tenido ningún impacto en lo que pesaba.

Y de pronto me apretaba la ropa. Y casi sin darme

cuenta, mi cuerpo se convirtió en otra cosa más de la que sentirme avergonzada. Los tacos, los litros de helado, las pizzas en la cama y la crema de cacahuete a cucharadas se habían instalado en mis caderas como un airbag y, por primera vez, al estar de pie, mis muslos se tocaban.

Y ya no había marcha atrás, porque la maldición había cruzado conmigo el Atlántico. Mis días de impunidad habían terminado y, de pronto, todo lo que comiera o no, acababa reflejado en la báscula.

Con la firme convicción de que cuando estuviera más delgada dejaría de doler todo tanto, me entregué en cuerpo y alma a una agonía de dietas, suplementos y laxantes, de cremas anticelulíticas, sentadillas y masajes drenantes.

Devoraba cada artículo de turno sobre cómo tener un cuerpo perfecto para el verano, y llegué al punto de medirme, cada día, el diámetro de las piernas, de la cintura y de los brazos.

Calculaba las calorías ingeridas y quemadas con precisión, pero llegó un momento en el que los déficits calóricos dejaron de reflejarse en la báscula y solo me quedaba la opción de hacer aún más deporte. O de comer menos. Llegué incluso al límite en el que ni con quinientas calorías y cuatro horas de ejercicio al día conseguía bajar de forma continuada.

Estaba mal hecha. No había otra explicación. Porque intentándolo todo nada funcionaba y al final la aguja, como un bumerán, volvía al mismo punto desde el que había partido.

El hambre se convirtió en mi peor pesadilla. Era continua, incontrolable, un hambre sin fin ni fondo y sin sentido, porque seguía ahí justo después de haberme inflado a calorías.

Me daba hambre el estrés y me daba hambre la triste-
za. Me daban hambre los vacíos, y el de la soledad se me
fue de las manos una tarde tras una ruptura.

Había comido tantísimo que, echando la cuenta rápi-
da, necesitaría correr un par de maratones para quemar-
lo. Mi otra opción eran un par de kilos más que, estaba
convencida, me quitarían las pocas opciones que me
quedaban de que él volviera conmigo.

Y en ese momento, fracasada por haberlo intentado
todo y desgarrada de culpabilidad y miedo, la única so-
lución que supe ver fue arrodillarme frente al váter.

1. LA BÁSCULA

Cuando queremos adelgazar, empezamos a contar calorías. Nos lanzamos a comprar la versión *light* de nuestros productos favoritos y limitamos las grasas y los dulces hasta condenarnos a una agonía insípida de verduras hervidas y cosas sosas a la plancha.

Las dietas son aburridísimas y asfixiantes. Porque estar tanto tiempo sin disfrutar de la comida es básicamente una tortura y cada día que pasa se va haciendo
cada vez más complicado resistirse al maravilloso placer de comer algo rico. Sobre todo los días malos.

Pocas cosas hay más deprimentes que llegar a casa
después de un día largo, uno de esos en los que todo se
colapsa y nada sale como esperábamos, y tener para
cenar merluza hervida, brócoli al vapor y una manzana. Para llorar. O para mandarlo todo a la mierda y pe-

dirse una *pizza* y jurarse que mañana será otro día con más fuerza de voluntad y más ganas.

Y al día siguiente igual sí que lo conseguimos, aunque alguien traiga a la oficina cruasanes y nos los deje en la mesa de al lado. Igual somos capaces de, en la cena con los amigos, no comer ni una croqueta y aguantar las bromas incrédulas por no tomar alcohol y pedirnos una ensalada. Pero antes o después, cuando tras semanas disecándonos el paladar, la báscula se estanca, la desesperación se convierte en rabia y decidimos que no somos capaces. Que claramente no tenemos la fuerza de voluntad o las operaciones o la suerte de la gente que sí está delgada porque, suframos lo que suframos, no sirve para nada.

Y ahí termina la dieta. Hasta la próxima boda o la siguiente playa, porque los tres kilos tal y como se fueron vuelven y, a veces, incluso invitan a un par de amigos más a casa.

Es desesperante. Porque además está esa gente que come lo que quiere y no engorda y nosotros a ensaladitas y pollo a la plancha y, nada, que estos últimos cinco kilos no se van. Será el metabolismo. Sí, ese ente místico que entre los veinte y los veinticinco se nos estropea a la mayoría de los mortales condenándonos a un sobrepeso por defecto para el resto de nuestra vida y que perdona, aleatoriamente, a unos poquísimos afortunados.

O será que no nos esforzamos lo suficiente. Al final, si las dietas se hacen famosas será porque funcionan y si tanta gente se toma las cápsulas de alcachofa será porque tienen efecto. Así que, si no nos funcionan, el problema lo debemos tener nosotros.

Todo sería muchísimo más fácil si las cosas que están

ricas no fueran malas. ¿Verdad? Si la comida que no engorda saciara y pudiéramos librarnos, disfrutando, de la continua sensación de hambre.

Deseo concedido. Solo tenemos que borrar los últimos cincuenta años.

El sobrepeso, como el resto de las enfermedades crónicas que nos asedian hoy en día, no existe en el estado salvaje: los animales solo engordamos cuando se nos domestica.

Los *Homo sapiens* hemos sido cazadores-recolectores durante el 96 % de nuestra historia como especie. Entonces, como el resto de los animales que viven en libertad, manteníamos un porcentaje de grasa corporal ideal de forma estable sin dietas ni clases de paleo-*spinning*.

Durante casi trescientos mil años nuestra alimentación ha sido oportunista; podíamos pasar dos o tres días comiendo frutas, bayas o incluso nada, cazar un gran animal y desayunar, comer y cenar carne en ingentes cantidades durante una semana para quizá pasar los dos días posteriores sin comer. Y nuestro porcentaje de grasa corporal se mantenía estable.

Pero ¿cómo es posible si ahora se nos va un poco la mano un fin de semana y cogemos dos kilos? Porque nuestras hormonas estaban equilibradas.

Tenemos un «termostato» innato que nos permite mantener, sin ningún esfuerzo, el porcentaje de grasa corporal justo y necesario. Cuando baja el porcentaje de grasa corporal ideal, nuestras células grasas producen leptina y se pone en marcha en el cerebro la señal de hambre.

Cuando hacemos caso a la señal de hambre y comemos, la insulina lleva los nutrientes a los músculos y el hígado, y cuando estos no pueden absorber más nutrientes, la insulina empieza a acumular lo que sobra en forma de grasa.

Si la leptina está funcionando bien, avisa cuando el porcentaje de grasa vuelve a ser ideal, desaparece el hambre y cualquier exceso de calorías se deja de acumular y se elimina.

Pero ¿qué pasa entonces con las calorías, desaparecen y ya está?

Las calorías no son más que el sistema de medición de la energía que entra y sale del cuerpo, solo eso, y tienen muchísima menos importancia de la que creemos en que engordemos o adelgacemos, pero, aun así, todavía hoy las dietas hipocalóricas son la fórmula universal para perder peso.

Y aunque es un hecho que prácticamente ninguna de ellas funciona a largo plazo, nos siguen contando que adelgazar va de quemar más calorías de las que hemos tomado.

La reacción biológica de nuestro cuerpo cuando nos ponemos a dieta es, cuando menos, irónica, porque cuando empezamos una dieta y reducimos lo que comemos cada día, la leptina avisa al hipotálamo y este activa el modo ahorro para asegurar nuestra supervivencia en la nueva etapa de escasez.

Y es que el hipotálamo no sabe de operaciones bikini, ni de semanas détox, ni de dietas milagro. El hipotálamo sabe de mantenernos vivos por muy adversas que sean las circunstancias y lo lleva haciendo muy bien durante varios cientos de miles de años. Así que, cuando observa que llevamos más de tres días ingiriendo menos calorías de lo normal, baja el gasto calórico general del cuerpo ajustando el metabolismo basal, lanza sensación de hambre para empujarnos a resolver el problema y estira las reservas frenando al máximo cualquier proceso de quema de grasa.

Eficiente, ¿verdad? Este mecanismo de adaptación a las etapas hipocalóricas nos ha mantenido con vida durante sequías, hambrunas y largos inviernos, y es también el que nos mantiene con vida, hambrientos y quemando el mínimo posible de grasa cuando decidimos ponernos a dieta.

¿Qué pasa cuando vuelve a aumentar la media de calorías diarias? Que la leptina respira profundo y, como es muy previsora, aumenta el porcentaje de acumulación de grasa para tener más reservas por si le vuelve a pillar una mala racha. Esto, para la leptina, es una estrategia muy efectiva para llegar más preparada a la siguiente hambruna. Para nosotros, es el temido efecto rebote.

Tenemos el equipamiento perfecto para disfrutar comiendo y estar en nuestro peso de forma permanente, pero lo hemos descalibrado, agotado y embotado con hábitos Tox. Porque cuando el adipostato está equilibrado, y si no hay desajustes brutales en el balance calórico, utiliza todos los recursos fisiológicos a su disposición para evitar la pérdida de grasa en etapas de escasez calórica y para impedir el aumento del porcentaje de grasa corporal en etapas de abundancia.

Pero cuando el adipostato se desequilibra, pierde la referencia de cuál es el porcentaje de grasa ideal. Desequilibrado, deja de recibir las señales de la leptina de que ya tenemos suficientes reservas de energía y aun con sobrepeso cree que nos estamos muriendo de hambre y mantiene activadas las estrategias de super-vivencia diseñadas para etapas de escasez.

Y estas estrategias de supervivencia se vuelven en-tonces totalmente contraproducentes, porque mientras que nosotros estamos intentando con sudor y lágrimas volver a nuestro peso natural, todo nuestro organismo está luchando por aferrarse a cada gramo de grasa.

Y así, mientras intentamos evitar a toda costa cual-quier cosa que esté rica, el adipostato está generando una sensación de hambre continua para sobrevivir, em-pujándonos a consumir más comida.

A la vez que estamos haciendo lo imposible por salir a correr o por ir al gimnasio de una vez por todas, el organismo ha bajado el metabolismo basal al máximo, quitándonos la vitalidad necesaria para hacer nada que queme calorías.

Y mientras forzamos, aunque nos cueste, el déficit calórico al máximo, nuestro cuerpo ha ralentizado los procesos de quema de grasas en un intento de que las reservas duren todo lo posible a la vez que está priori-zando la destrucción de músculo.

Es una espiral insostenible. Es un sinsentido que ata-ca directamente las bases de nuestra autoestima y nos deja baldados y convencidos de que seguir intentán-dolo no merece la pena.

Pero ¿cómo hemos llegado hasta aquí? ¿Qué hemos cambiado en nuestra forma de comer que ha descalibra-do así nuestro adipostato? Qué, cómo y cuándo comemos.

Hay gente que dice que se ha comido así toda la vida, que lo de ahora son modas, que ellos comían así de pequeños y ahora están estupendos y que hay que dejarse de tantas tonterías.

Pero lo cierto es que la industria alimenticia empezó

a ultraprocesar los alimentos en los años 50 y no ha sido hasta hace un par de décadas cuando productos con algo de comida refinada y mucho de aditivos químicos han pasado a conformar el 70% de lo que comemos.

De hecho, las galletas que comían de pequeños los que «han comido así toda la vida», serían de la misma marca que las que hoy les dan a sus hijos, pero sus ingredientes no son ni parecidos. Quizá por eso, los casos de obesidad infantil se han multiplicado por diez en los últimos cuarenta años. Y quizá porque hemos dejado de comer comida para comer productos, desde 1975 la obesidad se ha triplicado en el mundo y hoy, más de la mitad de las personas tienen sobrepeso.

Todo comenzó cuando empezamos a ultraprocesar los alimentos para crear productos con mucho margen, mucha repetición y poca densidad nutritiva. Y es en la poca densidad nutritiva donde está la clave, porque es la desproporción entre calorías y nutrientes lo que descoloca al adipostato. Y es que, por muchas vitaminas y minerales que lleven añadidos hasta los productos que parecen sanos, su densidad nutricional y la biodisponibilidad de sus nutrientes se aleja mucho de la de la comida de verdad. De hecho, lo que comemos nos ha llevado a una situación insólita porque estamos desnutridos y sobrealimentados. Más de la mitad de la población mundial tiene sobrepeso y, en los países privilegiados, el 80% de las personas tiene déficit, como mínimo, de un nutriente esencial.

Nos faltan vitaminas y nos faltan minerales. Consumimos muchísima menos fibra y menos ácidos grasos de los que nuestro cuerpo necesita y no resolvemos mucho suplementando, porque el problema es que no estamos ingiriendo los nutrientes en la cantidad y con la biodisponibilidad necesarias y, si lo hacemos, nuestra microbiota está demasiado inflamada y dañada para asimilarlos. Porque otro de los efectos de los productos ultraprocesados es que desatan la reacción de defensa de nuestro sistema digestivo.

La microbiota es la línea de defensa de nuestro intestino: como si de un perímetro de seguridad se tratara, permite o prohíbe el paso a nuestro torrente sanguíneo de lo que llegue a sus puertas. El criterio de qué es peligroso y qué es seguro lo ha ido perfeccionando durante cientos de miles de años hasta que ha llegado a formarse una idea muy clara de qué es y qué no es comida.

Y los ultraprocesados no son comida. Que algo sea digerible no significa que sea nutritivo, ni siquiera significa que sea inofensivo para la salud. Y como los ultraprocesados no son comida y en menos de setenta años al cuerpo no le ha dado tiempo a adaptarse a ellos, producen la respuesta inmunitaria más efectiva de nuestro organismo: la inflamación.

¿Te suena esa incómoda hinchazón después de las comidas? Es tu microbiota agotada. Porque a medida que se van acumulando los ataques, la microbiota se va cansando, se va quedando sin recursos y, cada vez más dañada, va perdiendo su capacidad de asimilación de nutrientes, de producción de serotonina y de respuesta inmunitaria.

Y ahí es cuando lo que comemos llega a inflamarnos más allá del intestino. ¿Sabes cuál es uno de los principales efectos de la inflamación en nuestro cerebro? La desregulación del adipostato. Un hipotálamo inflamado necesita unos niveles de leptina e insulina cada vez más altos para reaccionar y apagar el «modo» escasez. Y entramos en espiral, porque cuantas más células grasas tenemos, más inflamación y más resistencia a la leptina generamos.

Y cada vez nos cuesta más perder cada kilo. Cada vez estamos más cansados, más inflamados y más desnutridos, pero la verdad es que poco podemos hacer contra un cerebro que está luchando con todos sus recursos por mantenernos con vida en esa hambruna extrema que le simulamos con lo que comemos y con un nuevo ecosistema en el que el hambre está completamente desbocada.

Y es que el hambre desbocada es gran parte del problema, porque mucho más allá del hambre natural que detona la leptina cuando empieza a bajar el índice de grasa corporal necesario, vivimos secuestrados por el hambre emocional que paliamos con el placer que nos produce comer para anestesiarnos y el hambre exacerbada por los productos refinados y ultraprocesados con los que nos alimentamos.

2. EL HAMBRE

Llegamos a la nevera. Hay una tableta de chocolate medio empezada y cogemos una onza, solo una, para aplacar el gusanillo de media mañana.

Justo cuando estamos cerrando la puerta pensamos que por una más no pasa nada, que hemos desayunado poco y que podemos compensar y comer solo una ensalada y abrimos de nuevo la puerta.

Al partir la onza nos llevamos, sin querer, la mitad de la siguiente y por no dejar la tableta así, tan asimétrica, recortamos la esquinita que le queda.

Cuando vamos ya por el pasillo pensamos que, total, para el trocito que queda, es casi mejor que nos lo comamos y así el que venga detrás no se molesta.

En cualquier caso, igual mañana podemos salir a correr, o desayunar solo una pera.

Aún falta gente por llegar. No conoces casi a nadie y te colocas junto a la mesa. Casi por hacer algo con las manos coges una patata.

«A que no puedes comer solo una».

Miras el móvil. Deberían de estar al llegar los que faltan. Coges otra patata. Haces scroll. Otra patata. No te habías dado cuenta del hambre que tenías y hasta que no lleguen todos no van a servir la comida.

Bueno, puedes comer más patatas.

Patata. Scroll. Patata. Scroll. Like. Scroll. Patata. Patata.

«Cuando haces pop ya no hay stop».

Vienen a saludar. Te sacudes las migas de las manos para disimular y en cuanto se dan la vuelta coges otra patata. Están muy ricas. ¿Serán las de crema agria?

Llega tu amiga y te pilla masticando. Vamos a sentarnos, dice. En cuanto se da la vuelta coges el puñado de patatas que queda en el cuenco y la sigues engulléndolas todas de golpe con la mayor dignidad y disimulo posibles.

He comido mucho. Demasiado. Joder. Tenía que haber tirado las pizzas que sobraron cuando terminó la fiesta, pero así me ahorraba cocinar al día siguiente y salir a hacer la compra.

Ya da igual. Mañana no voy a comer nada. Ni pasado. Ojalá.

Puedo salir a correr, pero tendría que hacer media maratón para quemar todo lo que he tragado. Porque después de las pizzas –tres porciones de barbacoa, dos de carbonara y cuatro de pepperoni– me he hundido, me he odiado mucho y he perdido el control del todo.

No tengo fuerza de voluntad. Soy un desastre.

Estaba segura de que no quedaba helado, por eso he abierto el congelador, si no, no me hubiera atrevido. Iba a comer solo un poquito, una cucharada, pero era de dulce de leche y no he podido parar. Por lo menos me he sentido algo mejor mientras rebañaba el fondo con la cuchara.

Pero ahora me quiero morir.

Soy una gorda asquerosa. ¿Cómo puede ser que siga teniendo hambre? Ya, con la que he liado, porque me termine esta bolsa de palomitas y lo que queda del paquete de galletas no va a pasar nada.

No tenía hambre, porque el hambre de verdad es una sensación que la gran mayoría de nosotros no hemos llegado a experimentar casi nunca.

Ni cuando necesitamos comer algo a media mañana para poder seguir funcionando ni en ninguna de las situaciones en las que empezamos a comer y no podemos parar lo hacemos porque tengamos hambre biológica. Esa necesidad de comer, ese impulso de tomar una patata o una galleta más, esa niebla mental si no picamos algo, es otra cosa.

De todos los placeres, el de comer es quizá el que más se ha corrompido y convertido en algo contraproducente, se ha extendido por todos los rincones de nuestra cultura. Porque comer es más público y frecuente que el sexo y la gran mayoría de las cosas que comemos van poco a poco exacerbando en nuestra biología el nivel de placer que necesitamos para seguir sintiendo algo.

Y así, como se procesan los alimentos que tomamos y los ingredientes que les añaden, cronifican algo muy parecido al hambre que nada tiene que ver con la supervivencia. Socialmente aceptado y perpetuado culturalmente, comer se convierte en el refugio emocional perfecto, que podemos compartir con familia y amigos sin miedo a la vergüenza ni al rechazo.

Y aunque algunos de nosotros hoy no tengamos ningún riesgo real de morir de hambre, este placer exacerbado y del que se abusa, ha creado nuevos tipos de sensación de hambre que nos anclan al modo de supervivencia y secuestran la vitalidad, la intención y la energía que podríamos estar utilizando para acceder a nuestro potencial más humano y crear conscientemente la vida que deseamos.

2.1 EL HAMBRE EMOCIONAL

La mayoría de las veces, los motivos por los que sentimos que necesitamos comer tienen mucho más que ver con el desequilibrio de nuestra biología o los circuitos de placer cerebrales exacerbados que con la necesidad de ingerir nutrientes para seguir con vida. Por eso, las razones por las que necesitamos alimentarnos van mucho más allá de la razón de la mente consciente: el placer es involuntario y, por tanto, que nos gusten las chucherías, la bollería y la comida rápida no es una tara.

Es un condicionamiento evolutivo desplazado, perverti-do porque en apenas cincuenta años nuestro cerebro no ha tenido tiempo para darse cuenta de que hemos dejado de comer comida y de que ahora que algo esté rico ha dejado de ser sinónimo de que sea sano.

Que no podamos evitar rebañar y repetir y no parar cuando tenemos algo delante que nos encante, no es una demostración de nuestra debilidad, sino nuestra vía mesolímbica en funcionamiento incentivándonos a repetir un comportamiento que aún cree que es cla-ve para nuestra supervivencia.

Que a mí la espiral de ansiedad, placer y culpabili-dad me arrodillara casi cada día frente al váter sacu-diéndome frenética los dedos en la garganta, fue la consecuencia última de una mente hackeada.

Pero el placer nunca se diseñó para hacernos daño. Su propósito es el de motivar, no el de hundir: el placer pretende darnos un empujoncito hacia las conductas que han demostrado ser productivas durante cientos de miles de años, pero, domesticados, lo hemos conver-tido en la forma de anestesiar nuestros desgarros.

A algunos les anestesia el placer de comprar más allá del límite de crédito, a otros la consecución continua de objetivos para mantenerse con vida en un video-juego y, a casi todos, la sorda analgesia de hacer *scroll* en la pantalla. Porque la necesidad innata de conectar con los demás recompensa cada interacción en redes sociales, y en el frenetismo intencionado de su diseño, el carácter adictivo del placer se exacerba y cuantas más interacciones tenemos, más necesitamos y más publicamos para provocarlas.

A mí me anestesiaba comer: el chocolate, las *pizzas* y las patatas me abrazaban el segundo que las masticaba y, una vez dentro, succionaban todo lo que les rodeaba haciendo aún más grande el vacío, pero el amor que sentía en los segundos de ese abrazo me convencía de que, quizá, con el próximo atracón, conseguiría por fin llenarlo.

Y así, vivía totalmente entregada a esa hambre emocional, la de los días malos, la de las rupturas, la de las malas rachas. Ese hambre que a algunos nos provoca el estrés y a otros el echar a alguien en falta; esa hambre que se intensifica y se cronifica con lo que comemos hasta volverse perpetua y muy lesiva.

Porque comer nos produce una sensación de recompensa innata para incentivar que volvamos a hacerlo todas las veces que sea necesario para mantenernos con vida, pero cuando la emoción se desboca y nos arrolla la necesidad de sentirnos cuidados, completos o queridos, el abrazo hormonal que nos produce el placer de comer se convierte en una solución pasajera pero sencilla.

Podríamos echarnos la culpa por nuestra debilidad y nuestra gula, pero lo cierto es que más allá de lo evolutivo y lo biológico, nosotros mismos reforzamos este círculo vicioso con nuestra educación y nuestra cultura.

Antes de ser madre, yo tenía una lista de todas las cosas que las demás madres hacían y en las que yo jamás en la vida iba a caer: yo nunca iba a darle el móvil a mis hijos para disfrutar egoístamente de la sobremesa en un restaurante, nunca jamás iba a necesitar salir de la habitación para no perder los papeles mientras lloraban y bajo ningún concepto iba a utilizar el dulce para chantajearlos.

Y cuando descubres la pieza tan fundamental de tu salud mental que son las conversaciones adultas y el increíble poder de gritar o respirar muy profundo donde nadie pueda oírte, vas, sin vergüenza ni prejuicios, tachando ideales de tu lista de «yo nunca».

Hasta que el día que se ha portado fenomenal le recompensas con un helado y abortas una rabieta inoportuna e incontrolable con una piruleta. Y así, empiezas a preparar tartas en las ocasiones especiales, en las que jamás se te ocurriría celebrarlo con unas verduras con patatas.

Y así es como ese placer que nos da el sabor dulce da el salto de ser originariamente el indicador de la máxima concentración de nutrientes de las frutas a grabarse conductualmente como una recompensa emocional y ya, cuando podemos tomar nuestras propias decisiones como adultos, seguimos utilizando el placer de comer como la compensación directa tanto de los buenos como de los malos días.

A mí, comer aún me hace sentirme querida: esa descarga efímera de hormonas, equivalente a la que me produciría un abrazo, me la regala un buen plato de pasta sin complicaciones ni reclamos. Y no es casualidad que lo que más placer nos dé sean las hamburguesas, las *pizzas* o los platos de pasta, porque tanto el gluten como los lácteos se comportan químicamente en nuestro cerebro de forma similar a la de la morfina.

Los alimentos con gluten y todos los lácteos tienen exorfinas, un tipo de opioide que, una vez procesado, tiene un poderoso efecto anestésico. Por eso, cuando, por ejemplo, vacunan a los bebés mientras se les está dando el pecho, ni lloran o lloran menos, y después de comer se quedan, igual que nosotros después de una *pizza* o una tabla de quesos, profundamente satisfechos.

Este efecto opioide y anestésico de todo lo que lleve pan, pasta, harina, leche y queso los convierte en algunos de nuestros alimentos preferidos cuando necesitamos aplacar el hambre emocional cuando late, dentro y profundo, ese vacío perpetuo.

A este placentero efecto, como de morfina, se le suma el placer ultrapotenciado que añaden intencionalmente los ingredientes químicos a las cosas que comemos, haciendo que al hambre emocional no le quede más remedio que terminar por cronificarse.

Los potenciadores de sabor, los azúcares libres y los edulcorantes, además, son los causantes de otro tipo de hambre que se retroalimenta y se enlaza hasta fundirse con el emocional, el hambre exacerbada.

2.2 EL HAMBRE EXACERBADA

Más allá del hambre emocional, esa que usa el placer para anestesiar lo que nos chirría porque está roto, hay otro tipo de hambre, un hambre que hace aún más grande y doloroso el vacío y que lo causan las propias cosas que estamos comiendo.

Los que formamos parte de sociedades privilegiadas tenemos la suerte de, si queremos, poder cubrir más que de sobra y sin ningún esfuerzo nuestras necesidades calóricas diarias. La mayoría de nosotros estamos sobrealimentados y vivimos muy lejos del riesgo inmediato de morir de inanición, pero lo que comemos ahora mantiene a nuestro organismo intentando constantemente evitarlo.

Antes de que empezáramos a fabricar productos comestibles con algo de comida refinada y mucho de ingredientes químicos, nuestra alimentación estaba basada principalmente en vegetales, animales y cereales completos, así que nuestro nivel de glucosa en sangre se mantenía muy estable a lo largo del día y solo bajaba de forma drástica después de mucho tiempo sin comer. Por eso, para nuestro organismo, una bajada fuerte en los niveles de glucosa en sangre significa que, para asegurar la supervivencia, es necesario volver a ingerir alimento lo antes posible.

Ahora tenemos alimento disponible a dos pasos de donde estemos casi las veinticuatro horas del día, pero durante muchísimo tiempo la comida estaba a varios kilómetros andando o corriendo, a varios metros de altura o a un par de horas de intensa caza. Por ese motivo, cuando nos da el bajón, no podemos pensar en otra cosa, porque nuestro organismo ha activado todas las alarmas y está centrando toda nuestra atención y nuestros recursos en conseguir comida.

Pero como hemos dejado de comer comida para comer productos, la respuesta de supervivencia que generaba en el cuerpo una variación brusca en los niveles de glucosa después de un par de días sin comer, hoy, saturados de azúcares libres, forzamos su reacción varias veces cada día.

Y es absurdo, porque la descarga de cortisol que nos producía activar el modo de lucha o huida era muy útil para echar el resto y correr, pelear y caminar lo que hiciera falta hasta conseguir comida, pero en la actualidad, a un paso de la nevera, para lo único que nos sirve es para cronificar la perpetuación de los efectos del miedo en el cuerpo.

Nunca en nuestra historia como especie el alimento fue más abundante ni estuvo más disponible en cualquier momento del día. Y nunca, más allá de epidemias, torturas o hambrunas, nuestro organismo tuvo que reaccionar más veces al día para intentar no morir de hambre. Porque, por primera vez en cientos de miles de años, les hemos arrancado a las frutas y los cereales la fibra, permitiendo que sus azúcares naturales corran libres sin nada que ralentice su absorción. Los azúcares naturalmente presentes en cereales, tubérculos, lácteos y vegetales, en su estado natural vienen acompañados de la cantidad de fibra necesaria para que se digieran sin subidas bruscas de insulina pero, al procesarlos, los refinamos y sin su fibra, libres, se convierten en un motivo más de la exacerbación del hambre. Y este es el motivo de esa hambre incontenible que nos ataca a media mañana y por las tardes, la sensación de hambre instintiva que producen los efectos de los azúcares libres en sangre.

Refinamos los cereales y hacemos panes a los que luego añadimos algo de fibra y vendemos como integrales; añadimos vitaminas sintéticas a barritas y, por arte de magia, se vuelven de dieta y saludables; exprimimos las naranjas y nos bebemos satisfechos el zumo cada mañana.

Porque, además de refinar la comida, hace cincuenta años empezamos a ultraprocesarla en productos industriales digeribles y baratos y, entre cientos de ingredientes químicos impronunciables, hemos creado endulzantes en el laboratorio, con y sin calorías, y se los hemos añadido a todo, dulce o salado, para hacerlo más apetecible y necesario.

Así, hemos entrado en una espiral de hambre que

nada tiene que ver con el déficit de calorías: sobrealimentados, dos horas después de cada comida llena de azúcares libres nos da el bajón, con su descarga de cortisol correspondiente, y ya no podemos pensar en otra cosa que no sea en volver a comer algo. Y como más de la mitad de lo que comemos está ultraprocesado y prácticamente todo refinado, cada cosa que tomamos perpetúa el ciclo y deja, un poco más, el modo de supervivencia activado.

Vamos a ver un ejemplo. Hemos desayunado lo que nos han dicho que es saludable: zumo de naranja, tostada con queso fresco y pavo y un café con sacarina y leche desnatada. En el momento nos hemos quedado bien, pero dos horas después nos ataca el hambre; menos mal que nos hemos traído una barrita de muesli, porque con un bajón así es imposible concentrarse. Pero lo que habíamos desayunado era muy sano ¿no?, sin azúcar y con poca grasa.

El azúcar que le echamos al café es menos del 5 % del que consumimos, sin saberlo, cada día. El resto se esconde libre en los cereales refinados y añadido a prácticamente todos los productos ultraprocesados que consumes cada día, incluso los salados y los *light*. Las salsas, los embutidos o carnes procesadas, los cereales del desayuno, el pan, los aperitivos, los encurtidos... todos llevan azúcar o edulcorantes añadidos y todos alteran tu nivel de glucosa en sangre.

Al exprimir la naranja le quitamos la fibra que sujetaba sus azúcares, liberándolos, y junto con los azúcares libres de los cereales y la tostada y los edulcorantes añadidos al café y al pavo, salimos de casa enfilados a que nos secuestre en dos horas un hambre innecesaria metabólicamente pero imposible de ignorar.

Además del hambre metabólica que nos provocan los azúcares libres, está el hambre químicamente diseñada que nos provocan las neurotoxinas. Este hambre química es la que sentimos cuando los ingredientes de lo que comemos abusan y sobreexcitan los circuitos de recompensa de la mente y llevan mucho más allá de lo natural nuestro umbral de placer.

Todos los alimentos ultraprocesados tienen algo en común: son hiperpalatales. Su formulación química permite que se creen sabores mucho más intensos que los naturales consiguiendo que, poco a poco, nuestro paladar se acostumbre a ellos y la comida real se vuelva insípida.

Para lograrlo, el sabor dulce se concentra en ingredientes artificiales con un poder endulzante por gramo cientos de veces superior. Muchos de ellos se esconden bajo nombres tan inofensivos como «jarabe de maíz» o «concentrado de jugo de fruta» y otros se maquillan de sanos con la promesa de no tener calorías. Pero estos endulzantes son el secreto de la hiperpalatabilidad y por eso están hasta en los alimentos salados.

Para redondear el efecto de esta hiperconcentración de endulzantes, se suelen acompañar de potenciadores de sabor, como el glutamato, que podemos encontrar en las etiquetas desde la E-620 hasta la E-625 o escondido como «potenciador de sabor», «extracto de levadura» o «aromas naturales».

El glutamato monosódico es una neurotoxina que en las cantidades en las que se añade a lo que comemos desborda la barrera hematoencefálica del cerebro alcanzando niveles de excitotoxicidad. Y así, al sobreexcitar las neuronas, daña, entre otras cosas, los mecanismos de regulación del apetito y hace que comamos hasta un 40 % más de lo que hubiéramos comido.

Esto es muy lucrativo para quien le conviene que sus clientes compren su producto mucho y muchas veces, pero es muy desestabilizador para el equilibrio conductual de nuestros circuitos cerebrales.

Porque a fuerza de ir tomando cada vez sabores dulces más y más intensos, lo que era un carril bici por la vía mesolímbica del placer se convierte en una autopista y llega un punto en el que, para que el cerebro reaccione produciendo dopamina, necesita una macromanifestación de tráileres.

Y por eso no podemos parar, porque lo que tenemos no es hambre, sino una alteración de la química cerebral. Y cada vez vamos necesitando más cantidad y más sabor para sentirnos saciados, aunque el respiro sea solo momentáneo.

Para mí, entender el hambre química y el hambre metabólica, entender cómo el azúcar, los refinados, las neurotoxinas y los ultraprocesados estaban aprovechando mis mecanismos biológicos de recompensa para exacerbar y perpetuar la sensación de hambre, fue liberador. Porque, de pronto, mi relación con la comida iba de algo más que de ansiedad, de culpa y de una vergonzosa falta de fuerza de voluntad.

Es verdad que para sentirme completa comía, fumaba, pasaba horas en redes sociales y me gastaba a veces en ropa el dinero que no tenía, que todas mis relaciones tóxicas no eran más que un reflejo de la relación tóxica que tenía conmigo misma y el rabioso síntoma de ese dolor sordo que me latía muy adentro. Pero entender el porqué evolutivo del hambre y cómo los productos que comía cada día estaban llevando al extremo mi biología, sentó las bases lógicas a lo que me estaba pasando y me dio las herramientas necesarias para empezar a librarme del hambre permanente que me tenía absorbidas la intención y la energía que podría estar dedicando a librarme del origen del dolor y disfrutar de la vida. La primera de ellas, recuperar la consciencia de lo que es verdaderamente el hambre.

2.3 EL HAMBRE NUTRICIONAL

La forma en la que hemos empezado a comer en este nuevo entorno nos ha llevado a transformar por completo los motivos por los que comemos y, como hemos visto, ahora lo hacemos para anestesiar con placer el vacío que sentimos en nuestro interior o porque los productos que conforman nuestra dieta provocan y cronifican algo muy parecido al hambre.

Pero el hambre real, esa que se siente cuando nuestro organismo necesita de verdad algún aporte nutricional para mantenerse equilibrado, vive desplazada y enmascarada con nuestros nuevos hábitos y es una pena, porque recuperarla y ponerla a funcionar a nuestro favor tiene unos efectos transformadores brutales.

En algún punto de las últimas décadas nos empezaron a contar que era muy importante y necesario hacer cinco comidas diarias. Curioso, porque no hay ninguna evidencia científica que lo demuestre. Sin embargo, sí la hay de todo lo contrario, y es que comer con la frecuencia más concentrada y aleatoria con la que lo hemos hecho durante cientos de miles de años, tiene premio.

Mientras no comemos, comienza a bajar la insulina y a aumentar el glucagón, su hormona antagonista y la responsable de que el organismo empiece a quemar grasa.

Mientras no comemos, como el organismo no está destinando prácticamente todos sus recursos a hacer la digestión, aprovecha también para liberar la hormona del crecimiento, que es responsable, entre otras cosas, de frenar el envejecimiento y de mantener y construir los músculos. Así, cuanto más largos sean los periodos en los que no tenemos al cuerpo entretenido digiriendo, más se maximizan la limpieza y la regeneración, disminuyen los indicadores de inflamación, mejora la plasticidad neuronal y se resetean las hormonas.

Mientras no comemos, nuestra sensibilidad a la insulina mejora y se reduce la resistencia que tengamos a ella de forma más efectiva que con cualquier dieta.

Pero, quizá, a lo que más me ayudó el empezar a espaciar las comidas fue a sentir e identificar por primera vez la sensación real de hambre. Porque solo cuando empecé a sentir el hambre real, esa que es más como un latido de la boca del estómago, y que nada tiene que ver con el bajón nebuloso del hambre metabólica ni con la ansiedad rabiosa del hambre emocional, pude empezar a decidir de forma consciente a cuál hacer o no hacer caso y cómo gestionarla.

La primera vez que leí sobre el ayuno intermitente fue en el extraordinario blog de Marcos Vázquez

Fitness Revolucionario. Como todo el contenido que crea, estaba respaldado por una aplastante evidencia científica, así que, muerta a la vez de curiosidad y miedo, decidí intentarlo.

Me acechaba el mito de que si no comemos cada dos horas se nos ralentiza el metabolismo, pero la leptina no avisa al hipotálamo de que ha bajado la media diaria de ingesta calórica para que active el modo reserva hasta que no han pasado aproximadamente tres días. Así que el riesgo de frenar el metabolismo quedaba reducido solo a las dietas bajas en calorías.

Lo que más angustia me producía era el llegar a sentir la sensación del hambre de verdad. Gestionar el hambre emocional e intentar frenar con fuerza de voluntad el impulso de comer sin parar productos con glutamato me causaba ya tanto agobio que añadir un tipo de hambre más a mi colección no me apetecía demasiado. Así que empecé por la manera más natural y sencilla, concentrando las comidas en una ventana cada vez más estrecha de tiempo. Realmente, cuando dormimos, ya estamos haciendo un ayuno de ocho horas y, en muchas ocasiones, hasta de doce si hemos cenado, por ejemplo, a las 21:00 y no desayunamos hasta las 09:00.

Mi primer paso fue el de limitar la ventana de comer a ocho horas; cenaba, por ejemplo, a las 21:00 (que en España es una hora para cenar supernormal) y al día siguiente no comía nada hasta las 13:00. Básicamente, me saltaba el desayuno y cenaba pronto, algo que había hecho, sin haber sido consciente, miles de veces antes.

Los beneficios de mantener este patrón en el tiempo están más que demostrados científicamente, pero donde se multiplican los efectos del ayuno es al hacerlo de forma intermitente durante 24 horas. De hecho, periodos de ayuno de máximo 24 horas han demostrado recalibrar la sensibilidad a la insulina y la leptina, reducir los niveles de colesterol, reducir la inflamación y mejorar la salud de nuestras neuronas.

Habiendo eliminado ya los azúcares libres y las neurotoxinas causantes del hambre exacerbada tan insistente y demandante, la verdad es que, no desayunar, no era para tanto. De hecho, la mayoría de los días ni lo echaba de menos. Por eso, el paso de estar un día entero sin comer me dio menos vértigo.

Decidí hacerlo un domingo, para estar tranquila, entretenida y sin hacer nada de deporte. Preparé un par de botellas con infusiones sin endulzar en la nevera y la noche del sábado hice una cena nutritiva y temprana a eso de las 20:00. Y me lancé al vacío. Y no pasó nada.

De hecho, me encontré sorprendentemente bien durante y después del ayuno. El domingo, también a las ocho, volví a comer y, para mi sorpresa, sin mucha hambre. Así que repetí. Al principio ayunaba de forma estructurada un día a la semana, planificándolo. Ahora, directamente, como del modo en que hemos comido durante cientos de miles de años: cuando tengo hambre. Porque sé, por fin, distinguir entre el hambre emocional y la biológica y he recuperado la capacidad de escuchar y respetar mi cuerpo.

Solo durante los embarazos me he obligado a no pasar demasiado tiempo sin comer (por prudencia) y durante las lactancias me encanta observar cómo mi cuerpo me pide mucha más comida para poder seguir trabajando en crear a una personita a plena capacidad. Liberándome del mito de las cinco comidas diarias he conseguido recalibrar el hambre y le he devuelto a mi organismo el ritmo de comidas para las que ha evolucionado.

COMER
NO**TOX**

En un par de décadas, los productos ultraprocesados se han convertido en la base de nuestra alimentación; si le preguntamos a cualquier persona de más de cincuenta años cuánto de lo que comía venía en un plástico o en una caja te dirá que prácticamente nada.

Nuestros abuelos (e incluso nuestros padres) compraban en fruterías, pescaderías y carnicerías, y los desayunos, las comidas, las meriendas y las cenas las preparaban con comida en casa.

Hoy, abrimos paquetes para preparar el desayuno, desenvolvemos meriendas y *snacks* de media mañana y para preparar almuerzos y cenas descongelamos, pedimos a domicilio o calentamos algo precocinado. Si nos ponemos a hacer un esfuerzo por nuestra figura o la salud de nuestra familia usamos quizá comida de verdad, pero, para facilitarnos la vida, la servimos con salsas o acompañamientos envasados.

Y es que es mucho más conveniente, ¿no? Los productos ultraprocesados duran meses en la despensa y con la vida que llevamos nos libran de ir a la compra casi a diario y de pasar en la cocina unas horas que no tenemos. Además, están muy buenos, les añaden vitaminas y son baratos. Los niños es lo único que comen bien y a ver quién es el valiente que se pone ahora a empezar la guerra de convencerles para que coman otra cosa…

O quizá comemos así porque simplemente es a lo que estamos acostumbrados.

Yo estaba totalmente acostumbrada. Con mis horarios frenéticos y esa obsesión permanente por estar bien y mantener un peso decente, era la reina de los productos funcionales: comprarlo todo con un 0 % de grasa, edulcorantes sin calorías y enriquecido con todas las vitaminas imaginables me hacía sentirme mucho menos culpable y me daba la falsa seguridad de estar haciendo absolutamente todo lo necesario para cuidarme.

Pero las largas listas de ingredientes impronunciables estaban llenas de neurotoxinas e ingredientes hiperpalatales que detonaban y exacerbaban cada vez más el hambre química y me arrastraban al barro de la culpabilidad y a vomitar mi vergüenza en el váter después de no haber sido capaz, otra vez, de controlarme.

Los azúcares libres que llevaban hasta los productos salados y todos esos edulcorantes químicos sin calorías me dejaban agotada y hambrienta en cuanto terminaba de digerir lo que hubiera tomado y llegaba la inevitable fluctuación en mis niveles de glucosa. Y así, aunque eligiera siempre lo que los anuncios decían que era lo más sano, aunque controlara las porciones, comiera cinco veces al día y me sometiera a una férrea disciplina, vivía esclava de un hambre continua.

Antes de atacar el hambre emocional decidí empezar por eliminar de mi despensa y de mi día a día los productos ultraprocesados para dar así el primer paso de librarme de gran parte de los azúcares libres y de las neurotoxinas. Necesitaba recuperar la vitalidad y necesitaba dejar de sentir hambre todo el rato.

Fue un proceso largo, en el que investigué, contrasté y probé en mí misma de todo, y durante el que fui aprendiendo a formarme un criterio objetivo sobre lo que era bueno para mi familia y para mí. Y es que a la hora de saber qué es sano y qué no, hay muchos mitos, demasiados. Hábitos que creemos que son saludables, pero que tienen mucho *marketing* y poco o nada de ciencia y que, al final, nos dejan peor que como empezamos.

Todos estos hábitos contraproducentes están profundamente imbuidos en nuestra cultura. Tanto es así que aunque en muchos casos sean lo contrario de las recomendaciones unánimes de la ciencia, se siguen promoviendo y defendiendo como recomendaciones incuestionables.

Y cuando seguimos estas recomendaciones y no funcionan, porque es imposible que puedan funcionar, lo único que nos queda es pensar que el problema lo tenemos nosotros. Que hay algo, seguro, que estamos haciendo mal o que esto de estar bien es una cosa complicadísima que no merece la pena intentar. Y tiramos la toalla. O nos deprimimos. O, como me pasó a mí, lo seguimos intentando hasta que entramos en espiral.

Cuando le di la espalda a los anuncios, a los estudios científicos patrocinados, a la «sabiduría» popular y a los artículos sensacionalistas y empecé a investigar la evidencia científica unánime de qué era de verdad bueno para la salud, me abofeteó la incredulidad: porque la verdad era demasiado simple, demasiado lógica, demasiado transparente y, a la vez, diametralmente opuesta a todo lo que me habían contado.

Me habían contado que la base de la alimentación eran las harinas y los cereales; en esa pirámide alimenticia creada por la industria, que ya muchos países han retirado, pero que mi generación lleva estudiando desde el colegio, nos enseñaban que había que comer mucho pan, cereales de desayuno, harinas y pasta.

Que después venían los vegetales y las frutas, cinco raciones diarias; y más arriba, dos o tres raciones de lácteos, y de una a tres de legumbres, huevos, carnes magras y pescados, todo en el mismo saco. En la parte más alta de la pirámide, con un consumo ocasional y moderado, carnes procesadas, carnes rojas, chucherías, bollería, azúcar, cerveza, vino y sidra.

Me habían contado que lo que engordan son las grasas y que para comer sano y adelgazar había que limitarlas todas al máximo. Que lo que más hierro tenía era la carne roja y que los lácteos eran imprescindibles para tomar calcio. Que se podía comer de todo con moderación, que el cerebro necesitaba azúcar para funcionar y que los días trampa en las dietas eran supernecesarios.

Pero frente a las recomendaciones unánimes de la ciencia, resultó que todo lo que me habían contado era, en el mejor de los casos, una verdad a medias.

Porque la base de la alimentación son los vegetales, de los cereales solo valen los completos, no todas las grasas son malas y, de hecho, no son, precisamente, lo que más engorda. Casi cualquier legumbre, semilla o vegetal tiene más calcio que la leche y la carne solo es un alimento más de los muchos que tienen un alto contenido en hierro.

El cerebro no necesita azúcar, ni tampoco la necesitan los músculos después de entrenar. De hecho, el azúcar libre exacerba el hambre y destruye las moléculas de colágeno mediante un proceso llamado glicación y esto, además de envejecer nuestra piel prematuramente, vuelve rígidos nuestros tejidos internos.

Ninguna recomendación nutricional seria, basada en metaestudios o revisiones sistemáticas, recomendaría nunca el consumo de productos ultraprocesados, ni de alcohol, ni de carnes procesadas. Ni siquiera con moderación ni en «días trampa».

Y las dietas no funcionan: nos han contado que esto de perder peso va de contar calorías, que cuantas menos calorías comamos y más calorías quememos más adelgazaremos, pero, aun así, por muchas dietas que empecemos y por mucho que nos machaquemos haciendo cardio, al final acabamos con el mismo peso, si no más, que cuando empezamos.

Cerrarle la puerta a la cultura popular de lo que es sano, no fue fácil. Porque nos bombardean constantemente, desde los amigos y familiares bienintencionados hasta profesionales de la salud que saben mucho de medicina pero de nutrición, no tanto.

Por ejemplo, cuando estaba embarazada le pregunté a mi ginecóloga por los mareos que me daban y me recomendó tomarme un refresco de cola o un caramelo cuando me pasara. Cuando le dije que prefería tomar fruta me dijo: «Vale, pero con moderación y sin pasarte». Y así, con una sola frase, arrojó toda la evidencia científica unánime sobre lo que es y no saludable a una de esas piras literarias en las que se han quemado millones de palabras de conocimiento incómodo.

En otra ocasión, cuando después de varios días con fiebre, Bosco perdió algo de peso, su pediatra me recomendó darle cada vez que pudiera leche de vaca con cacao azucarado. Cuando le respondí que prefería darle algo con más densidad nutricional como aguacate, cereales completos o frutos secos, me miró, básicamente, como si estuviera completamente loca.

Pero no estaba loca, estaba informada. Y solo desde la información contrastada y el conocimiento de cómo funcionaba mi cuerpo pude ir recuperando poco a poco el equilibrio. Al ir aplicando las recomendaciones científicas en mi día a día, volvieron la vitalidad, la saciedad y dejé de contar calorías, porque al eliminar de mi dieta todo lo que no era comida, los mecanismos innatos de mi organismo dejaron de ponerme la zancadilla.

Y así, he vuelto a disfrutar de la comida. No recuerdo la última vez que vomité, que me medí, que me pesé o que me sentí culpable. Mi adipostato equilibrado me mantiene en mi porcentaje de grasa corporal ideal incluso antes, durante y después de dos embarazos, y el ejercicio que hago lo practico por salud y por placer, no como castigo por haberme pasado.

Como cuando tengo hambre. Cocino, disfruto creando, probando, sorprendiendo. La nevera está llena de fruta, verduras, carne, huevos y pescado. En la despensa, legumbres, tubérculos, infusiones, harinas integrales y conservas.

Los domingos cocemos cereales completos y asamos verduras para agilizar las comidas de la semana. Tenemos siempre deliciosas salsas caseras con las que aliñar las cosas y preparamos en familia nutritivos dulces Notox para los desayunos y las meriendas.

Y es fácil. Una vez reseteados los hábitos de consumo me di cuenta de que comer Notox no era más caro y que las tres horas que invertía en cocinar los domingos por la tarde, merecían la pena.

No sé las calorías que ingiero al día, pero solo en dátiles, aguacates y frutos secos seguro que ya son más de las que comía en un día de mis dietas más estrictas y hoy por hoy tengo una talla menos.

Ahora, sonrío incrédula al recordar que era incapaz de comer sin un refresco, que podía comerme una bolsa entera de chucherías y que disfrutaba, de verdad, comiendo bollería industrializada.

Porque sin los edulcorantes ultraconcentrados y las neurotoxinas de los ultraprocesados, mi sistema cerebral de recompensa se había ido poco a poco reequilibrando y la ansiedad de comer sin parar y los atracones se habían moderado.

Pero aún no había resuelto mi relación con el placer, porque incluso habiéndome librado del hambre exacerbada con las técnicas que te cuento en las próximas páginas, me quedaba por resolver la causa del hambre emocional, ese dolor sordo que, aunque ahora lo anestesiaba con el placer de comer cosas Notox sin efectos colaterales, seguiría latiendo hasta que no buscara lo que se había roto y me remangara para solucionarlo.

1. LAS BEBIDAS

Para resetear mi paladar y librarme de los ultraprocesados, empecé por los refrescos. Podía beberme tres o
cuatro vasos de refresco de cola *light* en cada comida.
Me volvían loca el sabor, el tintineo de los hielos, la rodajita de limón, las burbujas, todo. Antes, durante y después de hacer ejercicio me bebía el refresco ese que
parecía más sano porque se anunciaba para deportistas y, por la noche, las copas, siempre con una buena
tónica.

Cambiar todo ese sabor y todas esas burbujas por
agua insípida era demasiado deprimente, así que empecé a explorar otras alternativas.

En bares, restaurantes y terrazas, empecé a pedirme
un agua con gas con hielo y un poquito de limón ex-
primido para paliar la necesidad de llenar el vacío con
un refresco. Si no, cualquier té, infusión o café sin edul-
corar, con o sin hielo.

Hasta que acostumbré el paladar a la falta de endulzantes ultraconcentrados, descubrí que las infusiones
que llevaban regaliz o hibisco tenían un dulzor natural que hacía más tolerable el prescindir del azúcar.
Porque para evitar los azúcares libres y seguir exacerbando el hambre con las subidas y bajadas de insulina, estaban totalmente descartados los zumos, todos
los azúcares y cualquier edulcorante.

Al dejar los refrescos dejé también las copas y, como
no me gusta la cerveza, en los pocos momentos que
me han quedado entre embarazos y lactancias, he disfrutado cuando me ha apetecido de una buena copa
de vino.

En casa me acostumbré a tener siempre en la nevera una botella de cristal con un litro de té o agua infusionada. Cuando echaba de menos las burbujas, lo mezclaba con agua con gas y me lo servía en un vaso alto con un par de cubitos de hielo y una rodajita de limón o naranja.

Infusionar el agua es tan fácil como creativo: solamente hay que sumergir en un litro de agua la combinación de frutas, hierbas aromáticas y especias que quieras y dejarla reposar entre una o dos horas. En ese momento es cuando alcanzan la concentración óptima de sabor. Una vez que está lista, puedes conservarla 24 horas en un termo o en la nevera. Es un sabor mucho más sutil que el de los refrescos, pero a medida que se va reseteando el paladar, las aguas infusionadas se van convirtiendo en una opción refrescante y deliciosa.

1.1 AGUA INFUSIONADA CÍTRICA

INGREDIENTES
· Un litro de agua.
· Medio limón o media lima.
· Opcional: Una ramita de menta o hierbabuena fresca.
· Opcional: Una rodajita de jengibre fresco.

PASOS
1. Lava bien la lima o el limón.
2. Córtalo por la mitad y luego en rodajas lo más finas posibles. Si quieres, puedes exprimir la otra mitad en la botella.
3. Introdúcelo todo en una botella de cristal.
4. Para darle un toque más refrescante puedes añadir unas hojitas de menta o hierbabuena fresca o una rodajita de jengibre fresco.
5. Para servir, puedes mezclarla con agua con gas.

1.2 AGUA INFUSIONADA TROPICAL

INGREDIENTES
· Un litro de agua o agua de coco.
· Una rodaja de piña natural.
· Opcional: Una ramita de menta o hierbabuena fresca.

PASOS
1. Corta la rodaja de piña en láminas finas.
2. Introdúcelas en una botella de cristal cerrada con el litro de agua filtrada o el agua de coco.

1.3 AGUA INFUSIONADA DE MANZANA Y CANELA

INGREDIENTES
· Un litro de agua.
· Media pera o manzana.
· Media ramita de canela.

PASOS
1. Lava bien la pera o la manzana.
2. Córtala por la mitad y luego en rodajas lo más finas posibles.
3. Introdúcelas junto con el agua y la ramita de canela desmenuzada en una botella de cristal.

1.4 AGUA INFUSIONADA FRESCA

INGREDIENTES
· Un litro de agua.
· Medio limón.
· Medio pepino pelado.

PASOS
1. Lava bien el pepino y el limón.
2. Córtalos por la mitad y luego en rodajas lo más finas posibles. Si quieres, puedes exprimir la otra mitad del limón en la botella.
3. Introdúcelo todo en la botella.
4. Para servir, puedes mezclarla con agua con gas.

1.5 AGUA INFUSIONADA DE FRUTOS ROJOS

INGREDIENTES
- Un litro de agua.
- Medio limón.
- Un puñado de fresas o frutos rojos congelados.
- Opcional: Unas hojitas de hierbabuena.

PASOS
1. Lava el limón, córtalo por la mitad y luego en rodajas lo más finas posibles. Si quieres, puedes exprimir la otra mitad en la botella.
2. Introdúcelo todo en la botella junto con las fresas laminadas o los frutos rojos.
3. Para servir, puedes mezclarla con agua con gas.

2. LOS DULCES

Hay muchas, muchísimas recetas de dulces sin edulcorantes ni endulzantes ni azúcares refinados. Hay recetas maravillosas totalmente Notox, sin azúcares, sin gluten y sin lácteos, llenas de fibra, sabor y nutrientes esenciales que podrás encontrar en Internet o en la bibliografía que te recomiendo al final del libro.

Aquí quiero compartir contigo la pequeña colección de recetas que me ayudó a resetear el paladar y empezar a prescindir de todos esos productos digeribles contraproducentes sin llegar a echar en falta nada.

Porque solo pensar en estar, aunque fuera únicamente unos días, sin tomar nada dulce, ni un poquito de chocolate o una esquinita pequeñita de bizcocho, hacía que me entrara aún más hambre y, aun entendiendo ya los motivos evolutivos de por qué las cosas dulces me daban tanto placer, había malacostumbrado tanto el paladar que incluso me costaba encontrarle el sabor dulce a unas uvas o un plátano.

Pero lo que más terror me daba era tener que prescindir del chocolate en todos sus formatos ultraprocesados. El chocolate era para mí quizá el placer más efectivo para calmar por unos segundos el bramido sordo del vacío. Era lo que más me arrastraba a ese espacio-tiempo difuso, donde por un momento solo estábamos yo y de lo que estuviera disfrutando.

Así que, si iba a recuperar el control sobre mi placer, si por una vez iba a impedir que me arrastrara por gasolineras y pasillos de supermercado, necesitaba una alternativa Notox a las tabletas, los bombones y los helados.

Y la alternativa tenía que estar igual de buena, tanto que ni siquiera un niño la distinguiera, y no podía tener ni uno solo de los ingredientes químicos o refinados que exacerbaban la vía mesolímbica del placer en mi cabeza.

Busqué, leí, probé y empecé de cero en incontables ocasiones, hasta que aprendí en Internet las técnicas básicas que me abrirían las puertas a una colección de dulces Notox que además de deliciosos son super-nutritivos.

Después de tantos años en restricción calórica, al principio me dio mucho miedo volver a comer frutos secos, dátiles o plátanos, pero confié en el funcionamiento de mi adipostato y en cómo el índice de grasa corporal tiene mucho más que ver con las hormonas que con las calorías que tomamos.

Comparto aquí contigo las tres técnicas de dulces Notox; son muy básicas, pero una vez que las tengas dominadas, te servirán como base para crear tus propias variaciones y te empoderarán para que puedas resetear tu relación con el placer y el hambre.

2.1 LOS HELADOS NOTOX

La frase «esta receta me cambió la vida» es muy rimbombante y probablemente muy exagerada, pero se aproxima bastante a lo que significó para mí descubrir esta técnica de cocina.

La primera vez que la leí en un blog de Estados Unidos (del que desafortunadamente no recuerdo el nombre) me quedé alucinada: la bloguera prometía que con un solo ingrediente y en menos de dos minutos era capaz de hacer un helado que nada tenía que envidiar ni en sabor ni en textura a los helados comerciales.

Incrédula, seguí todos los pasos, y cuando vi y probé cómo había quedado casi lloro. Durante años, he visto una y otra vez la cara de asombro de cientos de alumnos cuando han visto en vivo el resultado y he recibido muchísimos mensajes contándome cómo los helados Notox han pasado a formar parte de los postres e incluso de los desayunos de su familia. Y es que la técnica no puede ser más sencilla y a la vez más efectiva:

TÉCNICA BÁSICA. HELADOS NOTOX
INGREDIENTES
Dos plátanos maduros por cada ración de helado.

PASOS
1. Corta los plátanos en cuatro u ocho trozos e introdúcelos preferiblemente en un recipiente de cristal tapado o, en su defecto, una bolsa de congelar.
2. Congélalos como mínimo cuatro horas. Para conseguir una textura perfecta, lo ideal es que seas capaz de vencer la impaciencia y dejarlos congelando toda la noche.
3. Sácalos del recipiente o la bolsa y tritúralos en un procesador de alimentos.
4. Lo ideal es que el procesador de alimentos sea lo más potente posible y tenga una base bastante ancha para que no tengas que ir interrumpiendo el proceso para ir bajando el plátano de las paredes del vaso. Si no dispones de procesador, puedes utilizar una batidora de mano normal y algo más de paciencia, hasta que veas que los pedazos se van triturando.
5. En una primera fase el plátano quedará en pequeños trocitos secos y pensarás que algo no va como debería. Sigue intentándolo y se convertirá en un helado con una consistencia cremosa.

TRUCOS
Cuanto más maduros estén los plátanos, más sabrá a plátano y más dulce estará el resultado final. Si quieres usar esta técnica como base de otros sabores, puedes intentar hacerlo con bananas o plátanos que no estén muy maduros para que no enmascaren el sabor del

resto de los ingredientes con los que vayas a hacer el helado.

Si una vez preparado no se come todo, puedes volver a congelar la mezcla y triturarla de nuevo cuando quieras volver a tomarlo.

Con el dulzor natural del plátano no es necesario añadirle ningún endulzante adicional, pero si aún no has reseteado el paladar de los edulcorantes ultraconcentrados industriales, puedes añadir dátiles, miel o azúcar de coco.

Y listo. Es así de rápido y así de fácil. Cualquier otra fruta, al congelarla y triturarla, se queda con una consistencia tipo sorbete, pero el plátano tiene una pectina única que le da una textura como de helado italiano.

A partir de esta técnica, las variaciones son infinitas. Aquí te doy mis tres combinaciones favoritas, por si te sirven de inspiración, pero te animo a que pruebes a mezclar y disfrutar de tus frutas, frutos secos y semillas favoritas.

RECETAS

CHOCO-CHÍA

Este helado no tiene nada que envidiar en sabor a los helados con azúcar, gluten y lácteos, y les gana, por goleada en densidad nutricional y en cantidad de vitaminas, minerales y antioxidantes que aporta. Sobre las cualidades superantioxidantes del cacao puro, añadimos la chía, que además de convertir nuestro helado en lo más parecido a un multivitamínico y multiplicar su poder saciante, le da una textura crujiente irresistible.

Si como a mí, te encanta la combinación del chocolate con el coco, puedes añadirlo también en forma de leche o triturado. Pero las opciones no terminan ahí, puedes ponerle ralladura de naranja, crema de cacahuete (sin azúcar ni edulcorantes), avellanas o almendras trituradas… ¡Lo que quieras! Siempre que sea comida de verdad y no esté refinada de ninguna manera o pervertida con químicos adicionales.

INGREDIENTES

- Dos plátanos congelados por ración.
- Una cucharada de cacao puro 100% en polvo y sin desgrasar.
- Una pizca de canela.
- Una cucharada de chía por ración.
- Opcional: Medio vasito de leche de coco por ración.
- Opcional: Una cucharada de coco rallado por ración.
- Opcional: Un par de dátiles triturados por ración.

PASOS

1. Si vas a añadir dátiles o frutos secos, tritúralos primero para que queden después bien integrados.
2. Introduce el resto de los ingredientes en el vaso y tritura hasta que alcancen una consistencia cremosa.
3. ¡Sirve y disfruta!

KALE-BERRY

Este helado es lo que desayunamos en casa en verano un día sí y otro también. Es superrefrescante, delicioso y una potentísima bomba de nutrientes esenciales y antioxidantes.

Está tan bueno que nadie (ni siquiera los niños) sospecha que lleva kale o espinacas frescas. Si te gustan las fresas o los frutos rojos, este helado Notox se va a convertir en uno de tus desayunos, postres o meriendas favoritos.

INGREDIENTES
· Dos plátanos congelados por ración.
· Un puñado de frutos rojos o fresas por ración.
· Un puñado de espinacas o kale por ración.
· Opcional: Una cucharadita de zumo de lima o de limón.

PASOS
1. Introduce todos los ingredientes en el procesador y tritura hasta que alcance consistencia de helado.
2. Sirve y adorna con algún fruto rojo más.

TRUCOS
Los frutos rojos congelados son mucho más económicos que los frescos y ayudan a mejorar la consistencia del helado.

Para evitar tirar comida, siempre congelo las espinacas y el kale para utilizarlos directamente en *smoothies* y helados Notox.

CHUNKY-MONKEY

Esta versión del helado Notox es absolutamente irresistible. Si, como a mí, te gustan la miel y las nueces, este se va a convertir en uno de tus postres favoritos.

En mi casa es un éxito asegurado cuando tenemos invitados, y en esos momentos en los que siento que el vacío late y se hace más grande, un cuenco de este helado Notox me reconforta sin arrastrarme después a la espiral de sentirme culpable.

INGREDIENTES
- Dos plátanos congelados por ración.
- Un puñado de nueces.
- Una cucharada de miel (mejor natural y sin procesar, y sin ingredientes químicos).
- Una cucharadita de canela.

PASOS
1. Triturar los plátanos y la canela hasta que alcancen la consistencia de helado.
2. Servir, añadir el puñado de nueces partidas con las manos y la cucharada de miel y mezclar.

2.2 EL CHOCOLATE NOTOX

Yo era literalmente incapaz de dejar una tableta de chocolate a medias; ser capaz de tomar un par de onzas y cerrar el papel crujiente, despedirme del embriagador olor y meterla en la nevera me exigía enfrentarme a un hambre emocional y exacerbada tan intensas que, solo con fuerza de voluntad, me resultaba imposible.

Las tabletas de chocolate eran, junto con el tabaco y el vino, mi placer favorito para aplacar momentáneamente un vacío que se quedaba justo después aún más en carne viva.

Cuando fui consciente de esto, no paré hasta encontrar una alternativa Notox con la que seguir disfrutando y anestesiando, pero que, por lo menos, no exacerbara la ansiedad y no tuviera ingredientes contraproducentes para mi vitalidad y mi salud. Y descubrí, de nuevo en Internet, la técnica para hacer unas tabletas de chocolate en casa con las que paliar el doloroso latido sin aumentarlo, e incorporar de paso una colección de nutrientes fantásticos a mi día a día.

En mi caso, a medida que fui avanzando en mi proceso y me fui empoderando y regenerando, el placer del sabor dulce pasó de ser una necesidad casi terapéutica a algo de lo que disfrutar de vez en cuando, pero estas recetas me permitieron avanzar hacia la reconexión con mi poder acallando el ruido de la espiral de placer desatado.

Como los helados Notox, las tabletas de chocolate llevan solo tres ingredientes y se preparan en mucho menos de lo que se tarda en bajar a comprarse unas chucherías.

Lo que vas a encontrar aquí es la técnica básica para

hacer una tableta de chocolate sencilla. A partir de aquí, tu imaginación es el límite: trozos de almendras, ralladura de naranja, coco rallado, menta, dátiles y crema de cacahuete o avellanas, ¡lo que quieras!

Para hacer las tabletas de chocolate Notox puedes utilizar cualquier recipiente plano de cristal, pero si quieres ir perfeccionando la técnica, merece la pena invertir en un par de moldes de silicona para tabletas de chocolate o bombones, para que no solo te queden más bonitas sino que también te resulte más fácil desmoldarlas.

TÉCNICA BÁSICA. CHOCOLATE NOTOX
INGREDIENTES
· Media taza de aceite de coco templado.
· Media taza de cacao en polvo puro sin desgrasar.
· Tres cucharadas de endulzante natural con índice glicémico bajo.

CONSEJOS
· El aceite de coco es mejor si es virgen y está sin refinar, y se solidifica con una textura similar a la de la mantequilla por encima de los veinticuatro grados centígrados. Que no te dé miedo el aceite de coco; es una excelente fuente de ácidos grasos de cadena media y de ácido láurico, un potente antibiótico natural.
· Es fundamental que el cacao sea 100 % puro sin ningún tipo de edulcorante añadido.
· La elección del endulzante es crucial, porque si le echamos azúcar o cualquier edulcorante (aunque sea sin calorías) nos va a provocar el pico de insulina que precisamente estamos intentando evitar para que no nos secuestre el hambre dos horas después. Por eso, procura utilizar edulcorantes lo más naturales posibles y con el menor índice glicémico. A mí me gusta usar miel, sirope de arce, sirope de agave o azúcar de coco. Siempre en sus versiones más naturales y sin ningún otro ingrediente añadido.

PASOS
1. Templa el aceite de coco a medio fuego hasta que se derrita.
2. Incorpora el cacao y el endulzante. En este paso es en el que puedes añadir la ralladura de naranja, el coco rallado o la menta triturada si te apetece.

3. Mezcla bien y sin que llegue a hervir viértelo en el recipiente de cristal o en el molde. Aquí puedes jugar a hacer capas con las cremas de frutos secos o los frutos secos en trozos.

4. Guárdalo en congelador durante dos o tres horas y ya está listo para disfrutar.

2.3 LAS TRUFAS NOTOX

Las trufas Notox son irresistibles. Punto. Les gustan hasta a los paladares más arrasados por los glutamatos y ultraprocesados y son lo más parecido a un multivitamínico nutritivo y supersaciante.

Como todo lo que te propongo, es una técnica básica sobre la que tú puedes, y debes, divertirte y disfrutar creando. Y como todas las técnicas de dulces Notox, se prepara en menos de cinco minutos, con menos de cinco ingredientes y sin encender el horno.

En casa tenemos siempre trufas preparadas, aguantan hasta una semana en la nevera en un recipiente de cristal cerrado (procuramos no utilizar plástico en la cocina para evitar los disruptores endocrinos) y también se pueden congelar y tomarlas en cualquier momento, bien crujientes y fresquitas.

La técnica de las trufas Notox es infalible con los niños. Les gusta a todos, y más aún si los involucras en la divertida fase de convertir la masa en bolitas y rebozarlas en cacao o en coco antes de refrigerarlas.

Esta es la técnica básica sobre la que puedes crear infinitas variaciones con cacao en polvo, coco, limón o lima rallada, zanahoria, chía... Como inspiración, además de la técnica básica, voy a compartir contigo nuestras dos versiones favoritas en casa.

TÉCNICA BÁSICA. TRUFAS NOTOX

INGREDIENTES

· 200 gramos de dátiles
· 200 gramos de frutos secos

TRUCOS

· Es muy importante que los dátiles sean solo eso, dátiles. Cuando adquirimos el hábito de empezar a leer los ingredientes de las cosas que compramos nos llevamos muchas sorpresas. Una de ellas, que a los dátiles (probablemente la fruta más dulce que existe) irónicamente los recubren con glucosa, maltodextrina o algún otro derivado. Lee ávidamente todas las etiquetas hasta que encuentres el fabricante que venda solo eso, dátiles envasados, o intenta encontrar una tienda en la que puedas comprarlos a granel.

· Los dátiles de la variedad Medjool son los más sabrosos, pero también los más caros. Cualquier variedad más económica te va a dar también muy buen resultado sin necesidad de arruinarte.

· Personalmente, me encanta utilizar almendras como base de mis trufas y, si lo hago, procuro que estén tostadas. A veces las mezclo con nueces y he conseguido también excelentes resultados con avellanas. Lo bueno de esta técnica es que te permite utilizar los frutos secos que tengas en casa o que te resulten más fáciles y económicos, para que empieces a disfrutar de todas sus propiedades nutricionales de una manera deliciosa y superpráctica.

RECETAS

TRUFAS NOTOX DE CHOCOLATE

INGREDIENTES
- 200 gramos de dátiles.
- 200 gramos de almendras tostadas.
- Una cucharadita de cacao puro en polvo sin desgrasar.
- Una pizca de sal.
- Una pizca de canela.
- Opcional: Una cucharada de chía.
- Opcional: Una cucharada de aceite de coco.
- Para recubrir: Chía, cacao en polvo o coco rallado.

PASOS
1. Introducir todos los ingredientes en el procesador de alimentos y triturar. Dependiendo de la potencia del procesador, puede que obtengas mejores resultados si trituras primero los dátiles y los frutos secos por separado y luego lo mezclas todo.
2. Dependiendo de los dátiles que utilices, la mezcla quedará más o menos compacta. Puedes ir jugando con la proporción de frutos secos y dátiles hasta que la mezcla alcance una consistencia que te permita darle forma de bolitas sin que se deshaga.
3. Puedes también ir ajustando la cantidad de cacao dependiendo de lo que te guste el chocolate más o menos amargo.
4. Una vez que le hayas dado forma de bolitas, las puedes recubrir con chía o cacao en polvo.
5. Cuando hayas terminado, consérvalas en la nevera en un recipiente de cristal cerrado o en el congela-

dor, si crees que vas a tardar más de una semana en consumirlas.

VARIACIONES

1. Chocolate con coco: sustituye la cucharadita de chía por una cucharadita de coco rallado.
2. Chocolate con naranja: sustituye la cucharadita de chía por una cucharadita de piel de naranja rallada.

TRUFAS NOTOX DE TARTA DE LIMÓN

INGREDIENTES

- 200 gramos de dátiles
- 200 gramos de anacardos o nueces (o ambos).
- Una cucharadita de cáscara de limón rallada.
- Una cucharadita de zumo de limón.
- Una cucharada de harina de coco o de almendra.
- Opcional: Una cucharada de chía.
- Opcional: Una cucharada de aceite de coco.
- Para recubrir: Chía.

PASOS

1. Introducir todos los ingredientes en el procesador de alimentos y triturar. Dependiendo de la potencia del procesador, puede que obtengas mejores resultados si trituras primero los dátiles y los frutos secos por separado y luego lo mezclas todo.
2. Para potenciar el sabor a tarta, estas trufas llevan también un poco de harina de coco o de almendra.

La harina de almendra puedes hacerla directamente en casa triturando un puñado de almendras hasta que queden en polvo.

3. Dependiendo de los dátiles que utilices, la mezcla quedará más o menos compacta. Puedes ir jugando con la proporción de frutos secos y dátiles hasta que la mezcla alcance una consistencia que te permita darle forma de bolitas sin que se deshaga.

4. Una vez le hayas dado forma de bolitas, las puedes recubrir con chía.

5. Cuando hayas terminado, consérvalas en la nevera en un recipiente de cristal cerrado o en el congelador si crees que vas a tardar más de una semana en consumirlas.

3. LO SALADO

Hemos evolucionado para que nos guste el sabor dulce y hemos evolucionado también para no poder dejar de comer lo que nuestro cuerpo cree que es denso nutricionalmente por su contenido en proteínas y grasas.

Y es que la combinación de grasa, ya sea animal o vegetal, sal y azúcar es irresistible para nuestro cerebro y es quizá por eso por lo que es la base de todos los productos ultraprocesados. En la exacerbación del placer que producen estas combinaciones de ingredientes químicos o procesados y el efecto opioide de los cereales con gluten y los lácteos, tenemos la explicación de por qué son también nuestra perdición los productos salados.

Por eso y porque sus efectos en nuestro organismo son a largo plazo devastadores, es también imprescindible que, además de lo dulce, reseteemos nuestra relación con lo salado y empecemos a comer como recomienda la ciencia para la salud y no como nos adoctrina el *marketing* para mejorar cuentas de resultados.

Para mí, empezar a comer Notox, además de regular mi adipostato y evitar que volviera a sentir la necesidad de asomarme a una báscula, tuvo un impacto brutal en mi vitalidad diaria. Comiendo Notox mis niveles de glucosa empezaron a estabilizarse y, poco a poco, la densidad nutricional de la comida real fue reponiendo mis reservas agónicas de vitaminas, minerales y aceites grasos esenciales.

Transformar la forma de comer de toda una vida no es nada inmediato y mucho menos con hijos, pareja y compromisos sociales, pero, como todas las revoluciones, empieza paso a paso, hábito a hábito, y cuando un día echas la vista atrás te das cuenta de que, aunque en el camino haya habido altibajos, el punto más bajo en el que has estado es en el que estás ahora, en la casilla de salida de un nuevo estilo de vida.

3.1 EL PLATO DE HARVARD

La guía más práctica que encontré para llevar las recomendaciones nutricionales de la ciencia a mi día a día fue la del plato de Harvard. Está basada en evidencia científica unánime, es mucho más visual y clara que la lógica de las raciones y es tan coherente con la lógica evolutiva que encaja perfectamente en el método Notox. Este modelo de dieta, que sustituye a la pirámide clásica, básicamente nos dice que verdura y fruta han de ser los protagonistas principales, que una cuarta parte del plato debe ser ocupado por granos integrales y la otra cuarta parte del plato la ocuparán las proteínas, vegetales o de origen animal. Los aceites, vegetales de calidad, y para beber, agua.

Llevar el plato de Harvard al día a día es más fácil de lo que puede parecer en un principio. Así fue como en casa nos fuimos ajustando a incorporar la evidencia científica en la forma en que planificamos, preparamos y disfrutamos de la comida:

VEGETALES Y FRUTAS
Los vegetales y las frutas son la mitad de lo que de-

beríamos comer cada día.Yo ya tenía la costumbre de tomarlas a diario, pero no en esa proporción. Para conseguirlo, empecé a incluir de forma regular *smoothies* a mi dieta, a cambiar los *snacks* por fruta o zanahorias y a intentar llenar siempre la mitad del plato con ensalada o verdura.

A la hora de elegir la ensalada intentaba siempre que fuera de hojas lo más variadas posible. Un truco para elegir las ensaladas más densas nutricionalmente es que cuanto más oscuro sea el verde de la hoja, mayor es su concentración de nutrientes.

En cuanto a las verduras, la forma más rica y sencilla de tenerlas siempre listas en la nevera como acompañamiento para cualquier plato es asándolas.

Tomé la costumbre los domingos de asar una o dos bandejas con pimientos, calabaza, zanahorias, berenjenas, calabacines, setas y cebollas, lo que tuviera a mano. Cortadas en rodajas, en cubos o longitudinalmente y aliñadas con algo de aceite y especias, después de unos veinte minutos tenía verduras preparadas para toda la semana, para tomar tibias como acompañamiento o frías en ensalada. Incluso en invierno he utilizado estas verduras asadas para hacer una crema calentita con un sofrito de cebolla, un chorrito de bebida vegetal y una pizca de nuez moscada.

Descubrir la técnica de hacer «arroz» con coliflor fue también todo un descubrimiento; triturándola en crudo en un procesador de alimentos solo hasta que sus floretes se reduzcan al tamaño de granitos de arroz, luego se puede saltear en la sartén con un poco de aceite para tener preparado, en menos de cinco minutos, un plato completo. Variaciones, las que quieras, desde saltearlo con mucho ajo y pimentón para simular unas migas hasta hacerlo con un poco de salsa de soja, guisantes y huevo, para hacerse un «arroz» tres delicias.

Y así, hasta las verduras más antipáticas, han ido encontrando su huequecito en los paladares de toda la familia y hemos conseguido convertir los vegetales en la mitad de todo lo que comemos cada día.

CEREALES

Al contrario que la pirámide alimenticia tradicional, creada por la industria alimentaria, la ciencia recomienda que los cereales sean el 25 % de lo que comemos y que siempre sean integrales. Porque cuando refinamos los cereales no solo estamos dejando sus azúcares libres, les estamos quitando también todo su aporte nutricional de vitaminas y minerales.

Este cambio fue quizá más fácil de implementar que el de los vegetales, redujimos su consumo de más de la mitad de lo comíamos al día a solo una cuarta parte y empezamos a priorizar siempre los que tuvieran el grano completo.

En el caso de la pasta, empezamos a comprarla directamente 100 % integral e incorporamos pasta hecha con cereales nutricionalmente más interesantes que el trigo, como el trigo sarraceno, el *teff,* la quinoa o la espelta.

El paso del arroz blanco al arroz integral fue algo más complicado hasta que encontramos la manera de cocerlo sin tardar una hora y sin que quedase pastoso ni duro: cocerlo como si fuera pasta. Así, cuando el arroz integral se cuece en una cantidad abundante de agua hirviendo, se queda en su punto y suelto después de unos quince o veinte minutos (depende del tipo de arroz y del agua).

Además, añadimos a la base de muchos de nuestros platos pseudocereales como la quinoa o el trigo sarraceno, que se cocinan igual que el arroz blanco, dos partes de agua por una de cereal y duran cuatro o cinco días en un recipiente (preferiblemente de cristal) en la nevera.

Hasta aquí, implementar la recomendación de que todos los cereales fueran completos fue bastante fácil. Nos hemos acostumbrado a prepararlos en mayor cantidad para tener siempre arroz integral, pasta integral o quinoa en la nevera y, así, preparar un plato de Harvard en cualquier momento resulta mucho más sencillo.

Donde nos encontramos con más dificultades fue con el pan. Prácticamente el 100% de los panes que venden en supermercados son productos ultraprocesados llenos de azúcares, potenciadores de sabor y, aunque posteriormente se les haya añadido fibra y semillas para darles color, no son integrales. Quedan también pocas panaderías que hagan el pan como antes, con cereales completos y masa madre (ese pan que duraba tierno una semana), así que hemos terminado por empezar a hacer nuestro propio pan en casa.

Al principio nos parecía una tarea titánica, pero nada que ver; como dura una semana es algo que hacemos en familia, y en menos de diez minutos los domingos, y que después de horneando, nos apaña desayunos y meriendas en forma de un rico pan de centeno y espelta.

PROTEÍNAS

Este es otro de los grupos de alimentos en el que, cuando empezamos a seguir las recomendaciones de la ciencia, tuvimos que recortar. Porque en el plato de Harvard, después de los vegetales y los cereales completos, representa solo la cuarta parte que queda del plato.

Aquí vamos rotando legumbres, carnes magras y pescados. Las legumbres las compramos ya cocidas, asegurándonos de que entre sus ingredientes solo estén la legumbre y agua, y las carnes y los pescados los tomamos asados, al vapor o a la plancha.

Los huevos, en tortillas –de calabacín, berenjena o patata–, revueltos, duros y pasados por agua.

Por conciencia medioambiental y, en mi caso, ética, consumimos muy poca proteína animal y la que consumimos procuramos que sea ecológica, que haya tenido unas buenas condiciones de vida y que no haya sido tratada con antibióticos ni hormonas. Y no corremos ningún riesgo de tener deficiencia de hierro porque casi cualquier legumbre o vegetal de hoja verde tiene más hierro que la carne.

GRASAS

Para comer Notox, evitamos siempre las grasas hidrogenadas, ya que se fabrican de manera artificial añadiendo átomos de hidrógeno a ácidos grasos vegetales y convirtiendo las grasas insaturadas en grasas trans. ¿Por qué se hidrogenan? Porque la grasa hidrogenada se convierte en una pasta sólida que le da mejor textura a los alimentos y, como ocurre con el azúcar, retrasa su fecha de caducidad y aumenta su palatabilidad a un coste bajísimo para los fabricantes y altísimo para nuestra salud.

Está hidrogenado el aceite en el que se fríen las patatas de los establecimientos de comida rápida y gran parte de las cafeterías y restaurantes. Contienen aceites hidrogenados los productos precocinados, congelados

y la bollería industrial; incluidas las galletas, las golosi-
nas y los *snacks* de bolsas. Está también en casi el cien
por cien de los productos *light* o desnatados porque es
el ingrediente perfecto para mantener su textura cuando se les quita su grasa natural. Un ejemplo de grasa
trans hidrogenada: la margarina.

No tomando productos ultraprocesados, evitamos la
principal fuente de grasas modificadas en laboratorio.
En casa, usamos para cocinar aceite de coco y aceite
de oliva y consumimos sin miedo aguacates y frutos
secos.

BEBIDAS

En las bebidas, como ya hemos visto, solo agua, café e
infusiones sin edulcorantes. La ciencia limita el consumo de lácteos a máximo una o dos porciones al día,
no solo porque la mayor parte de los adultos somos
hasta cierto punto, de un modo u otro, intolerantes a la
lactosa (cuando dejamos de ser lactantes, perdemos
la enzima que nos ayuda a procesarla) sino por los
demostrados efectos inflamatorios de la caseína, otro
de sus componentes.

Y con la leche nos pasa lo mismo que con la carne,
la limitamos por motivos éticos y medioambientales y
la que consumimos, muy ocasionalmente, procuramos
que sea ecológica y de animales que hayan tenido
unas condiciones de vida dignas.

En su lugar, usamos para beber y para cocinar bebidas vegetales, asegurándonos de que entre sus ingredientes no haya químicos, aceites ni endulzantes.

¿Y qué pasa con el calcio? Prácticamente cualquier
legumbre, vegetal, fruto seco o semilla tiene más calcio
que la leche y está mucho más biodisponible.

3.2 LAS SALSAS

Hay dos salsas que cuando nos ponemos a cocinar los domingos por la tarde nos gusta dejar preparadas para toda la semana. Se conservan fenomenal en recipientes de cristal (por ejemplo, cualquier frasco de legumbres limpio vale) y convierten las verduras o los cereales que tengamos también cocinados de antemano en platos completos y deliciosos. Además, tenemos siempre preparada salsa de tomate tradicional casera.

RECETAS

PESTO NOTOX

El pesto Notox nos encanta con cualquier cereal o incluso con legumbres o la carne o pescado que hayamos cocinado al momento. Cubierto con un dedo de aceite dura más de una semana cerrado herméticamente, y sobre la técnica básica, se pueden hacer muchísimas variaciones.

INGREDIENTES

- 1 diente de ajo.
- 100 gramos de frutos secos.
- 20 gramos de albahaca o rúcula.
- 6 cucharadas de aceite de oliva, o lo que se necesite para que alcance una buena textura.
- Sal al gusto.
- Opcional: Un aguacate. Añadir aguacate al pesto lo convierte en una salsa cremosa, perfecta para un buen plato de pasta. Lo ideal es añadirlo en el momento que se vaya a consumir, porque de un día para otro en la nevera termina por oxidarse.
- Opcional: El zumo de un limón.

PASOS

1. Introducir todos los ingredientes en el procesador de alimentos o en el vaso y triturar.
2. Ajustar la sal y el aceite al gusto.

SALSA DE TAHINI Y LIMÓN

El tahini es crema de sésamo triturado y, por eso, una auténtica bomba de minerales y vitaminas, y junto con el limón se convierte en una salsa ideal para ensaladas, pescados o incluso un plato de quinoa con verduras asadas.

INGREDIENTES

· 70 gramos de tahini.
· El zumo de un limón.
· Dos o tres cucharadas de agua.
· Una pizca de sal.
· Pimienta negra al gusto.
· Opcional: Un diente de ajo triturado.
· Opcional: Cualquier hierba aromática fresca.
· Opcional: Una pizca de pimentón.

PASOS

1. Introducir todos los ingredientes en el procesador de alimentos o en el vaso y triturar.
2. Ajustar la sal y el agua al gusto.

3.3 LOS HUMMUS

Cuando aprendí a hacer hummus, decidí, en ese mismo instante, que no merecía la pena volver a comprar uno procesado industrialmente. Es tan rápido, tan fácil y tan personalizable que cualquier hummus que puedas prepararte en casa gana por goleada a los que puedas encontrar en el supermercado. El hummus es un tipo de paté de origen árabe que nos permite multiplicar las maneras de tomar legumbres incluso en los calurosos días de verano. Como con todas las técnicas de este libro, una vez que domines la versión básica, puedes (y debes) inspirarte e ir probando nuevas combinaciones que, además de entretenerte el paladar, te ayuden a desarrollar tu potencial creativo.

TÉCNICA BÁSICA. HUMMUS

INGREDIENTES

· Un frasco de garbanzos cocidos.
· El zumo de un limón.
· Cuatro cucharadas de aceite de oliva.
· Una pizca de sal.
· Opcional: Un diente de ajo. Si te gusta el ajo, en el hummus es imprescindible.
· Opcional: Una pizca de comino.
· Opcional: Una pizca de pimentón.

PASOS

1. Introducir todos los ingredientes en el procesador de alimentos o en el vaso y triturar.
2. Ajustar la sal y el aceite al gusto.

TRUCOS

Puedes cambiar la base de garbanzos cocidos por alubias, edamames o incluso guisantes.

Hay dos versiones del hummus que siempre encantan, una es añadiendo al hummus básico pimientos rojos asados y la otra es añadiéndole berenjenas asadas.

Dejar de comer ultraprocesados que exacerban el hambre, inflaman y desequilibran el adipostato y empezar a comer Notox es más fácil de lo que puede parecer *a priori*. Al final, es volver a comer como cuando solo se comía comida, y con un poco de organización básica, la pequeña inversión de tiempo que hay que hacer, merece la pena con creces.

Con las verduras, los cereales, las legumbres y las salsas preparadas con antelación, después, durante la semana, las comidas y las cenas se elaboran en un máximo de diez o quince minutos si queremos hacer algo de proteína al vapor o a la plancha.

Se puede seguir el ratio del 50 % vegetales, 25 % proteína y 25 % cereales completos en el mismo plato, como, por ejemplo, en un bol o una ensalada con todo, o bien a lo largo del día repartiendo en las comidas platos de legumbres con proteínas, cereales y ensaladas.

Puedes encontrar más ideas y muchas más recetas en la plataforma digital de Vivir Notox.

¡Sube una foto del libro a tus redes sociales, etiquétanos y te enviaremos un mensaje con tus claves de acceso!

@Izanami.es

The Notox Life

@IzanamiMg

Izanami.

EL MIEDO

Miedo, tengo miedo,
miedo de quererte.
Miedo, tengo miedo,
miedo, de perderte.
Sueño noche y día
que sin ti me quedo.
Tengo, vida mía,
miedo… Ay, mucho miedo.

Maestro Solano

MIEDO

Del lat. *metus* 'temor'.

1. m. Angustia por un riesgo o
daño real o imaginario.

2. m. Recelo o aprensión que alguien tiene de
que le suceda algo contrario a lo que desea.

Tanto el miedo como la ilusión
te exigen que creas en algo
que aún no puedes ver.

Tú eliges.

Había algo en la hoja de cálculo que no cuadraba. En una de las casi mil celdas que tenía delante había una fórmula que estaba mal. Y no la encontraba.

Aún resonaba su grito en mi cabeza: «¿Cómo se te ocurre enviarme un Excel que está mal? ¿Cómo puedo fiarme del resto?». Él era el presidente de la compañía, yo, la emprendedora del proyecto. De encontrar ese error dependían mi futuro y el de once personas más.

Me quedaba menos de una hora para enviárselo corregido, pero las oleadas de dolor me nublaban la vista y me ahogaban el cerebro. Tenía que aguantar. Siempre había sido superprofesional y no iba a ser ahora cuando dejara que mi vida personal interfiriese en mi carrera. Tenía que ser capaz de mantener la concentración bajo cualquier circunstancia. Porque eso es lo que hacen las consejeras delegadas, y yo era de las mejores.

Agarrotada sobre el portátil, me esforzaba por sonreír despreocupada para disuadir la inminente interrupción de la matrona. Porque estaba en el hospital dando a luz a mi primer hijo, dilatada de seis centímetros y sin epidural.

Una semana después, Bosco y yo estábamos en la oficina. Solo el estar de pie y desplazarme con un mínimo de dignidad me desgarraba por dentro, pero en aquel momento era mucho más acuciante la necesidad de ensordecer el apremio incesante del miedo. El miedo a perder el control del proyecto. El miedo a fracasar. El miedo a volver a ser, una vez más, una decepción para todos. El miedo a darle la razón a la premonición insistente de que nunca iba a llegar a tener éxito porque no me lo merezco.

Y así, con la inagotable determinación que da huir hacia delante, convertí maternidad y lactancia en una desenfrenada carrera de obstáculos. Encajando reuniones entre tomas, en más de una ocasión tuve que fingir una larga visita al aseo para poder dar el pecho al bebé, que se revolvía desesperado en la acera de enfrente.

Incapaz de decir que no a cualquier invitación que pudiera dar visibilidad al proyecto, arrastré a mi madre y a mi hijo recién nacido a escenarios, congresos y networkings por toda la geografía española.

Acostumbrada a vivir anticipando mentalmente todo lo que podía salir mal y exprimiendo cada minuto del día para evitarlo, los ratos que pasaba amamantando, durmiendo o «disfrutando» de mi bebé eran una agonía de desesperación y culpabilidad a partes iguales.

Pronto, dormir se convirtió en el mayor reto del día. Porque cada vez que cerraba los ojos, aparecía un saco de boxeo que reventar a golpes y cuando conseguía dormir me despertaba el estruendo de vajillas arrojadas contra una pared en sueños. Y así, empecé a pasar horas en vela, y mientras mi bebé y mi marido acompasaban plácidamente sus respiraciones a mi lado, yo luchaba desesperada por calmar la mía.

Estaba a punto de reventar.

Porque cuantas más horas trabajaba más cosas tenía por hacer. Cuanto más ejercicio hacía más débil me sen-

tía y cuanto más sano comía más me asfixiaba el pantalón.

La conclusión a la que había llegado era que me faltaba fuerza de voluntad. Que no me estaba esforzando lo suficiente para conseguir lo que los demás eran capaces de lograr sin problemas. Que no era lo bastante buena y que antes o después, todos acabarían por darse cuenta.

Los momentos en los que me faltaba el aire y se me dormían los brazos me asustaban. Algo no iba bien. Las náuseas habían sido una constante en mi vida desde que tenía memoria, pero ahora me atacaban en los momentos más inesperados y lo hacían cada vez más violentamente.

Se me estaba yendo de las manos.

Y lo peor era la vergüenza. Vergüenza por la constatación física de mi debilidad, por la demostración fisiológica de que, en el fondo, no era tan brillante como parecía. Y mi secreto, mi sucio y peligroso secreto, empezó a alejarme de la gente. Como si fuera algo que pudieran oler. Como si fuera algo que me convirtiera en alguien raro y diferente.

Pero, de hecho, lo que me pasaba era bastante normal.

Porque el 33,7 % de las personas sufren ansiedad por lo menos una vez en su vida y el estrés afecta a más de la mitad de los adultos de forma regular. Porque una de cada cuatro mujeres y uno de cada seis hombres pasa alguna vez por algún episodio de depresión, y al ritmo al que está creciendo la incidencia de estos desórdenes, se van a convertir en la principal causa de enfermedad global. ¿Cómo hemos llegado hasta aquí? Por la cronificación cultural de la respuesta biológica al miedo.

EL PORQUÉ
EVOLUTIVO

1. LA EMOCIÓN

Había pasado ya media hora. Media hora desde que ella llamó a la puerta y él bajó corriendo para distraerla. Media hora desnuda, volcánica y esperándole en la cama.

Podría vengarme, como en una película. Podría colocarme la sábana como si fuera una diosa griega y bajar majestuosa por la escalera. «¿Seguimos?». Y él se quedaría mudo, asomado a sus ojos, viéndola morirse por dentro.

Así, tal y como llevaba muriéndome yo todo aquel tiempo, porque ella me lo había quitado, pero yo me estaba asegurando de que él no llegara a ser nunca del todo suyo.

Pero si bajaba por esa escalera, si rompía la baraja y ponía todas las cartas sobre la mesa, la arrastraría a ella a mi infierno, pero yo le perdería a él para siempre. Y aún cuando oía su voz me aleteaba el pecho y se me fundía la piel cuando me abrazaba. No podía vivir sin él porque por mucho que me desgarrara por dentro, mi cuerpo solo respiraba bajo sus manos y solo sabía sentirme viva cuando él me miraba.

Había perdido ya la esperanza de que algún día le valiera de mí algo más que mi cuerpo y volviera a elegirme solo a mí, sin concesiones. Me probó y le dejé con hambre y me quedé como ese snack *prohibido que escondes bajo la cama, pero por lo menos le seguía sirviendo para algo y para mí eso ya era suficiente. Porque, a pesar de todo, yo seguía enamorada.*

Para mí, ser emocional no era nada bueno. Era una de esas etiquetas que se temen, de las que para evitar que te la pongan te esfuerzas mucho en llevarte la contraria. Porque después de años de relaciones destructivas y tóxicas, después de alimentarme de pasión, ira, vergüenza, euforia y venganza, había entendido que la virtud estaba en controlar las emociones, en disimular las buenas y en reprimir las malas para poder alcanzar el objetivo de un tranquilo estado de bienestar.

Así, ser emocional era para mí prácticamente un insulto y la emoción, algo que extirpar para alcanzar el equilibrio y la profesionalidad.

Pero las emociones no son ni opcionales ni prescindibles, las emociones son otra cosa mucho más biológica, innata y necesaria: antes de la calefacción y las neveras, antes del estado de bienestar y de los derechos humanos, nuestra vida corría peligro prácticamente a diario. Aún hoy, fuera de las sociedades privilegiadas, para millones de personas la situación todavía no ha cambiado.

Y así, el cuerpo y la mente que tenemos hoy son el resultado de cientos de miles de años de investigación y desarrollo. Somos *Homo sapiens* último modelo, equipados con una colección impresionante de sofisticados mecanismos de supervivencia que se han validado una y otra vez durante milenios hasta volverse innatos y que involucran a todo nuestro organismo en acciones coordinadas que lo optimizan para sobrevivir a casi cualquier tipo de amenaza.

Así, la principal misión de nuestro cerebro es mantenernos con vida. Nuestro cerebro tiene que saber, en cada momento, cómo de segura es la situación en la que nos encontramos y, para evaluarlo, está continuamente procesando la información que le envían los sentidos. Son nada más y nada menos que cuarenta millones de estímulos simultáneos, por lo que es, necesariamente, un proceso involuntario. Porque solo el procesamiento subconsciente de nuestro cerebro tiene la capacidad suficiente para gestionar tanta información en tiempo real sin sufrir un colapso.

Cuando nuestra vida está en peligro, el organismo no se puede dar el lujo de sopesar la gravedad de la amenaza, ni de reflexionar sobre cómo reaccionar ante ella: la respuesta tiene que ser inmediata y para eso, no puede intervenir la mente consciente y los desencadenantes del miedo tienen, sí o sí, que estar pregrabados.

De esta manera, traemos instalada de serie una útil biblioteca de supervivencia en la que están archivadas y categorizadas las circunstancias beneficiosas y las circunstancias peligrosas con las que más se han encontrado nuestros antepasados. Y tiene todo el sentido del mundo. Piensa en lo poco eficiente que sería que cada nuevo *Homo sapiens* tuviera que aprender desde cero y por ensayo y error qué situaciones, entornos y animales son peligrosos y cuáles no. Por eso, las cosas que nos dan miedo y la forma en la que reaccionamos a ellas son hereditarias y se graban, generación tras generación, en nuestra epigenética.

Por esa misma razón, la amígdala está equipada con una clase específica de neuronas, las SOM+, que juegan un papel activo en aprender, controlar y memorizar en la biblioteca de supervivencia las respuestas de miedo, para que cada uno de nosotros llevemos grabada a fuego la impronta de los peligros que rodearon a nuestros antepasados.

Así que, cuando entre toda la información que el cerebro procesa de los sentidos detecta un patrón que coincide con una de las circunstancias archivadas en la biblioteca, lanza un aviso urgente al consciente y al resto del cuerpo. ¿Cómo? A través de la emoción.

La emoción es la voz del cerebro, es la forma que tiene de avisarnos de lo peligrosas que son, o no, las circunstancias de nuestro entorno y de poner en marcha de manera inmediata los mecanismos pregrabados que sean necesarios para sobrevivirlas si son negativas o para sacarles el máximo provecho si son positivas.

Traemos automatizadas de serie una extraordinaria colección de emociones que dan respuesta a casi cualquier situación: si la situación no es segura sentimos miedo, si no es lo que esperábamos sentimos sorpresa y si es necesario que nos defendamos sentimos enfado. Cuando la situación es, en cambio, buena para nuestro desarrollo y nuestra supervivencia, el cerebro nos avisa con emociones que nos producen placer y nos hacen sentir muy bien, como la alegría, la tranquilidad o la satisfacción, para que estemos incentivados a mantener la situación o a repetirla lo antes posible y volver a sentir que estamos disfrutando de la vida.

Así, hay emociones que nos ayudan a sobrevivir, arrastrándonos a evitar la soledad, la enfermedad y la violencia, y también hay emociones que nos empujan a reproducirnos, a cuidar a nuestras crías y a perpetuar la especie. Y es que las emociones están diseñadas, precisamente, para que nos dejemos llevar por ellas.

1.1 LAS EMOCIONES DE APEGO

La biología, y por extensión la antropología, son muy poco románticas, y es que la ciencia demuestra que las pasiones que nos revuelcan la vida son, en su mayor parte, explosiones neuroquímicas, y que ni la atracción, ni el amor, ni el apego se libran de la lógica evolutiva: todas existen para cumplir un propósito y ninguna de ellas es exclusivamente humana. Porque eso que llamamos «amor» es, la mayoría de las veces, unas ganas de cuidarse y de estar juntos inducidas por efectivos cócteles de hormonas. Y es que la química de nuestras emociones puede llegar a ser muy poco romántica.

¿Le gusto? ¿Le llamo? ¿Lo intento? ¿Será feliz conmigo? ¿Se ha aburrido de mí? ¿Estará pensando en otra persona?

Cuánto espacio mental, horas de conversación, chats y foco dedicamos a la atracción, el amor y el apareamiento. Y aun así vamos a trompicones, intentando torpemente poner algo de razón y estrategia a lo que sentimos y siente el otro, consiguiendo poco más que avivar aún más la locura. Porque en su mayor parte, nuestra vida afectiva está dirigida por la eficiencia evolutiva.

Dicen que no se elige a quién se quiere, y biológicamente es tal cual. La elección la hace nuestro organismo y la hace basándose en un criterio muy poco romántico: cuál puede ser el mejor progenitor para mejorar y proyectar en el tiempo nuestra información genética.

Más allá de los atributos físicos asociados con la fertilidad y la salud en general —masa muscular y estatura en los hombres, grasa estratégicamente acumulada en glúteos y pechos en las mujeres y, en todos los casos, pelo y piel con aspecto saludable—, y más allá incluso de los atributos de personalidad y del contexto que auguren una crianza compartida exitosa y colaborativa, está el secreto de nuestras feromonas.

Las feromonas son sustancias químicas con las que los animales damos información muy completa a quién nos huele, sea o no de nuestra especie. Expresan, por ejemplo, aspectos de nuestro sistema inmune, como el Antígeno Leucocitario Humano, y nos hacen sentir atracción por quien tenga una mayor histocompatibilidad, es decir, un sistema inmune lo más diferente posible al nuestro. ¿Por qué? Porque al sumarlos, el de nuestras crías será más completo y eficaz y tendrán más posibilidades de supervivencia.

Las feromonas nos avisan de con quién podemos tener los hijos más resistentes y nos avisan también de cuál es el mejor momento para intentarlo: el olor de una mujer que esté ovulando hace, por ejemplo, que los niveles de testosterona de los hombres que estén cerca se disparen.

Así, es nuestro organismo quien elige, por razones muy pragmáticas, quién nos atrae sexualmente. Y si las feromonas son las que nos ayudan a elegir, las emociones son las que se aseguran de que llevemos la relación hasta su objetivo final evolutivo: la continuidad de la especie.

Las emociones de amor y de apego son la estrategia del cerebro para mantenernos junto a nuestra pareja el tiempo necesario para engendrar y criar hasta su autonomía las crías que tengamos. Y lo consigue con un apasionante y absorbente estado de felicidad inducida hormonalmente.

Por eso, después de dos o tres años las mariposas en el estómago se evaporan y un día nos miramos a los ojos y nos damos cuenta de que no recordamos la última vez que nos comimos a besos. La pasión se ha diluido y, aunque le echemos la culpa a la rutina, el motivo es mucho más práctico y químico: esos dos o tres años eran los que necesitábamos para sacar una cría humana adelante.

En mi primer matrimonio no sobrevivimos a la bajada gradual de dopamina, feniletilamina y oxitocina. Porque cuando se nos evaporó la emoción, quedaron al descubierto dos personas con muy poco en común y sin nada interesante construido de forma consciente.

Y es que el amor romántico es, básicamente, la respuesta a un pequeño incidente logístico: los mamíferos tenemos el cerebro proporcionalmente más grande que el resto de los animales y eso tiene una consecuencia operativa muy importante, para poder nacer sin matar a nuestra madre en el proceso tenemos que hacerlo antes de ser autosuficientes. Así, nacemos indefensos, y durante el tiempo que necesitamos para poder desplazarnos y alimentarnos de forma autónoma somos totalmente dependientes de nuestros progenitores.

Esta dependencia es abrumadora, agotadora y muchas veces desesperante, porque para que una sola cría sobreviva, uno o dos adultos tienen que poner en pausa sus propias necesidades y entregarse por completo a su cuidado durante meses o incluso años. Así que es muy práctico estar enamorados y es determinante e imprescindible que nos volvamos inmediatamente locos por nuestro cachorro, porque cuando en una dura sequía una leona famélica se queda sin comer para alimentar a sus crías, no lo hace porque sea consciente de su responsabilidad como perpetuadora de su especie.

Cuando separan a un ternero de su madre nada más nacer y ella lo llama a gritos durante semanas, no lo hace porque sepa el peligro que corre el reemplazo generacional.

Porque cuando después de semanas sin dormir, una madre acuna de pie durante horas a un bebé desesperado en vez de abandonarlo a su suerte (o algo peor), no lo hace para evitar el coste de oportunidad para la especie de tener que crear un nuevo bebé desde cero.

Lo hacemos por un motivo mucho más persuasivo; el mecanismo que la evolución ha desarrollado durante casi doscientos millones de años para que mamíferos de todas las especies nos entreguemos en cuerpo y alma a cuidar a sus crías, sin abandonar o sin directamente deshacerse de ellas: las emociones de apego.

Los mamíferos articulamos las emociones de apego a través de la oxitocina, esa hormona que nos mantiene lo suficientemente implicados emocionalmente con los demás para que cumplamos nuestro objetivo evolutivo de sobrevivir y que nuestras crías sobrevivan llevando nuestro material genético adelante. Y así, los mamíferos segregamos oxitocina en el parto, durante la lactancia y en el orgasmo. Segregamos oxitocina cuando nos abrazan nuestros hijos y cuando los cuidamos. Segregamos oxitocina al colaborar unos con otros, al tocarnos, al ayudarnos, al cuidarnos y al reírnos a carcajadas. Y cuando producimos oxitocina, nuestro cerebro esta más dispuesto a confiar y es más eficiente leyendo las emociones de los demás.

Cuando producimos oxitocina somos también más generosos, más sociables, nos sentimos más integrados en nuestro grupo social y somos más fieles a nuestras parejas. Y es literalmente contagiosa: cuando nuestros niveles de oxitocina suben, los de nuestros hijos también.

Pero... ¿esto es todo? ¿Estamos predestinados a que nuestra vida sexual y afectiva esté dirigida principalmente por nuestra misión evolutiva? ¿A que el amor por nuestros hijos no sea nada más que una herramienta para la continuidad de la especie y que sean las hormonas las que dirijan nuestra vida?

No, porque compartimos con el resto de los mamíferos las emociones necesarias de apego, pero como *Homo sapiens* tenemos la capacidad única de trascender lo animal, lo evolutivo, lo biológico y decidir de forma consciente a quién, cómo y cuánto amamos.

Porque igual que podemos librarnos del condicionamiento del placer que nos da comer y podemos elegir ejercer sin violencia la ira y el enfado, podemos crear relaciones basadas en el amor incondicional.

Ese amor que es independiente de la reproducción y la crianza, que es ajeno a lo evolutivo, que sobrevive al incentivo fisiológico. Un amor capaz de crear pasión donde no puede haber descendencia y que se retroalimenta del placer de materializar un proyecto de vida conjunto. El de envejecer juntos, el de la cálida hoguera de fondo que ni en invierno se apaga.

Yo no conocí el amor consciente hasta mi segundo matrimonio. Con todas las parejas que vinieron antes, lo que viví fue la cara más abrasiva de la oxitocina. Porque durante quince años me estuve abalanzado hacia donde me señalaran las feromonas y, ya entregada, dejaba que mi miedo a la soledad hiciera el resto. Enganchada a las mariposas en el estómago, aferrada al placer hormonal del contacto y adicta a la dopamina de que me hicieran caso, lo mejor que supe hacer para salir del infierno fue evolucionar de lo doloroso y humillante a lo anodino y rutinario.

Pasé de sonreír cuando tenía que haber pegado un grito y de quedarme cuando tenía que haber salido corriendo a disecarme por dentro en un primer matrimonio en el que, pasado lo hormonal, no quedaba nada por lo que mereciera la pena seguir en el mismo sitio.

Hasta que llegó él y le dio la vuelta a todo. Juntos fuimos más allá del fuego de las feromonas y construimos por el camino las bases de un propósito común que, cuando lo biológico flaquea, nos devuelve a esas miradas profundas y mágicas que avivan lo que queda del fuego.

Desde ese amor incondicional que alimentamos cada día de forma consciente, contamos con los cimientos necesarios para disfrutar de los placeres hormonales de la crianza y un cortejo continuamente renovado teniendo siempre un lugar seguro al que volver cuando los fuegos artificiales se toman un descanso.

Junto hemos descubierto que las mariposas en el estómago se vuelven insignificantes cuando se comparan con las raíces profundas y cálidas que te sujetan fuerte hasta en las peores tormentas, y que es posible arrebatarse también de pasión y entregarse del todo desde el más profundo respeto.

Porque no tenemos por qué ser esclavos de nuestra biología; las emociones son involuntarias, pero tenemos el poder de accionarlas de forma consciente en vez de abalanzarnos a reaccionar según los patrones que tengamos pregrabados.

Esta capacidad, como todas las que son exclusivamente humanas, nace en el neocórtex, esa área del cerebro que, en algún punto hace 70.000 años, de entre todos los primates y homínidos que había en la tierra, empezamos a desarrollar nosotros, los *Homo sapiens*, dando el salto biológico que nos empoderó para ser los primeros animales capaces de imaginar y crear la realidad que nos rodea.

Para mí, entender que las emociones no son más que la valoración automática que hace mi cerebro para distinguir lo bueno o no que es para mi supervivencia lo que estoy pensando o viviendo, transformó por completo la relación que tenía conmigo misma. Porque si las emociones son una herramienta, son algo que podía empezar a utilizar conscientemente como quisiera, algo que podía canalizar de formas menos destructivas y que no tendrían por qué tener ningún poder real sobre mi vida.

1.2 LAS EMOCIONES DE SUPERVIVENCIA

«Te llamo para asegurarme de que no vas a ir diciendo tonterías. Te di lo que querías, pero con lo borracha que estabas no te acuerdas».

Sí me acordaba. Me acordaba de los aguijones de gravilla en la espalda, del cordón de sangre tibia entre las piernas. De mi voz amordazada gritando «no».

Era el verano de mis 17 y era la primera vez que me aplastaban contra el suelo a empujones. Pero no era la primera vez, ni sería la última, que alguien me obligaba

a hacer cosas que no quería hacer. Las otras veces, me
obligué yo.

El miedo, como el dolor, es básico para la supervivencia porque sin miedo nos expondríamos a peligros innecesarios. Y sin dolor, podríamos morir de cualquier
cosa sin enterarnos.

El miedo es la emoción que nos pone en guardia, que
nos previene, que nos avisa, el miedo activa el «modo
supervivencia» y nos da el arrojo para hacer lo que sea
necesario, porque es el miedo lo que nos da la valentía
de dejar atrás lo amenazante y de enfrentar a bocajarro
lo que se nos ponga por delante.

Yo, las cosas más valientes que he tenido que hacer
en mi vida las he hecho cuando estaba realmente asustada. Estaba aterrorizada cuando con 18 años me arrojé a otro mundo, extraño y sórdido, para alejarme de los
asfixiantes límites que me ahogaban en casa. Estaba
aterrorizada cuando tomé la decisión de dejar la vacía
comodidad de un matrimonio inerte, y lo he estado todas y cada una de las veces en las que he tenido que
renacer de un mundo de expectativas colapsado.

Y aun cuando fue el miedo lo que una tarde de otoño me dio la insensatez para, contra la pared y con una
mano atenazándome el cuello, dar el ultimátum que
me devolvió la vida, para mí eso de estar asustada era
lo contrario a ser valiente y por eso rechazaba visce-
ralmente la idea de que el miedo pudiera ser la causa
de casi todas mis decisiones y el motor principal de
mi comportamiento. Pero la emoción del miedo es el
principio y el porqué de mucho de lo que hacemos.

Evolutivamente, nos da miedo morir y nos da miedo
no continuar la especie. Y así, el miedo se activa en si-

tuaciones evidentes de violencia, pero también de escasez, de soledad o de temperaturas extremas.

Nos da miedo la violencia y nos dan miedo las catástrofes políticas y naturales. Nos da miedo cualquier falta de recursos que nos pueda llevar a morir de hambre, sed, calor o frío, pero este miedo, en este nuevo ecosistema, se ha trasladado también a todo lo relacionado con nuestra nueva forma de ganarnos la vida y un despido, un fracaso profesional o una mala racha económica, activan también todas las alertas. ¿Cuántas veces al día te preocupas de todo lo que puede salir mal en el trabajo? Cada vez que lo haces, tu cuerpo responde preparándose para huir o luchar y salvarte la vida.

Nunca antes ni tampoco hoy, en otras muchas sociedades, la vida ha sido tan segura: nunca la sanidad, la educación, la seguridad y la comida han estado al alcance de prácticamente todo el mundo y aun así, sentimos la necesidad cultural de rivalizar hasta la extenuación como si nada fuera suficiente.

Yo creía firmemente que quien sacara las mejores notas podría ir a una mejor universidad, y solo las mejores universidades abrirían las puertas a ese trabajo estable, seguro y motivante en el que, trabajando horas interminables y haciéndolo mejor que nadie, se alcanzaría la segura tierra prometida del dinero y el reconocimiento.

Veía la vida como una campana de Gauss, como un agresivo juego de comparaciones en el que solo un pequeño porcentaje conseguiría pasar el corte, dejando a todos los demás relegados a la escasez, el desprecio y la irrelevancia.

Y para pasar el corte no solo tenía que ser la que más estudiara y la que más horas trabajara, tenía que ser la más alta, la más delgada, la que subiera mejores fotos al perfil y más lejos viajara. Tenía que ser la mejor novia que nadie hubiera tenido nunca, la mejor hija, la mejor estudiante y la mejor jefa. Porque si no lo conseguía, me quedaría fuera.

Y por aceptación, me obligué a estudiar cosas que me aburrían, a trabajar en cosas que me disecaban y a abrirle las piernas a cosas que me daban asco.

Porque, más allá de las amenazas inmediatas a nuestra supervivencia, nos da miedo (y mucho) quedarnos solos. El miedo a la soledad va más allá de lo humano, es un miedo mamífero, codificado en nuestro cerebro desde hace casi doscientos millones de años, porque desde entonces y aún en la actualidad, para la mayoría de nosotros la supervivencia totalmente excluidos del resto y en soledad es prácticamente inviable.

A mí, muy pronto, el miedo a la exclusión y al rechazo se me grabó a fuego y, convertido en un patrón mental, empezó a corromper también la expresión natural del resto de mis emociones. Porque en esta cultura de la homogeneidad, cualquier disonancia es molesta y la expresión libre de nuestras emociones es un atentado a la conformidad.

Yo crecí segura de que enfadarse era malo: no se grita, no se llora, no se replica, no se contesta. Me enseñaron que la ira era algo peligroso, incendiario, algo que había que reprimir a tiempo y silenciosamente antes de que se desbocara y abriera las puertas a la catástrofe. Porque pocas cosas había más reprobables que armar un escándalo, que tener respuesta para todo, que ser incómoda y expresarse.

Y así, años de rabietas reprimidas, de ira amordazada, me atrofiaron tanto el músculo de enfadarme que no fui capaz de hacerlo después todas las veces que hubiera sido necesario. Porque la ira es una emoción muy necesaria. La ira es defensiva, es la emoción que nos da el coraje y la explosión para proteger nuestras fronteras cuando son atacadas. Y no tiene por qué ser agresiva, de hecho, en este nuevo entorno, en la mayor parte de los casos la violencia ha dejado de ser necesaria. Bien expresada, la ira puede detonar un «no» valiente, un «ya no quiero más», un «esto no me gusta» y proteger, a tiempo, los límites indispensables de nuestra dignidad e integridad física.

Yo, en vez de aprender a usarla de forma efectiva, aprendí que era algo indeseable que causaba el rechazo del grupo, así que empecé a tenerle tanto miedo como a cualquier otro comportamiento que pusiera en riesgo mi supervivencia. Y anclado en mis decisiones diarias, este miedo terminó por definir quién era, hasta convertirme en la versión más plana de mí misma: dócil, discreta y resignada.

Así, para evitar las confrontaciones perfeccioné durante años el arte de decirle a la gente lo que quería escuchar y la mala reacción automatizada de mentir sin pensar. Y ante la pregunta de si había llamado al fontanero, me descubría respondiendo que sí, aunque no lo hubiera hecho, solo para evitar la potencial confrontación y el potencial rechazo.

Por evitar el rechazo he sonreído cuando me he sentido insultada, me he quedado cuando quería salir corriendo y he hecho, una y otra vez, cosas que me rompían por dentro. Y lo peor no eran esos momentos. Lo peor venía después, cuando me repetía una y otra vez la película de lo que había pasado, porque la respuesta hormonal y natural de enfado que había reprimido por miedo al rechazo se cronificaba en un sentimiento de frustración amarga.

Y, poco a poco, lo que me decía iba mutando la frustración en desprecio —por cobarde, por niñata y por gallina— y terminaba meses después infectándome de apatía. Porque ¿qué sentido tenía apasionarse con la vida si no era capaz ni de defenderme a mí misma?

Cuando el miedo toma el control, profana la expresión natural de nuestras emociones. Con el miedo al mando, nos reducimos al modo de supervivencia, activamos el piloto automático y lo que era una útil herramienta evolutiva se convierte en el motor imparable de dolorosos comportamientos corrosivos y en la causa silenciosa de muchos de nuestros problemas físicos.

El miedo es químicamente lo opuesto al amor. La oxitocina, esa hormona que nos empuja a amar, confiar, pertenecer y disfrutar, es incompatible con la adrenalina y por eso, cuando en nuestro cuerpo se activa la reacción de lucha o huida, su producción desaparece. Así, cuando las mujeres parimos con miedo, rodeadas de prisas y tensión en un entorno hipermedicalizado, activamos el modo de supervivencia, el proceso se detiene y necesitamos oxitocina sintética para seguir dilatando.

Yo, preparada siempre para luchar o salir corriendo, estaba bloqueando la expresión natural de mi sistema de apego y, a la defensiva, luchando con la vida y huyendo continuamente hacia delante, querer se me hacía agotador y a veces me ahogaba la barrera invisible que me separaba de los demás. La dependencia de mi primer hijo me desesperaba, y me horrorizaba el no ser capaz de quererle demasiado. Estaba segura de que era una persona fría, introvertida y distante. Que yo quería a mi manera. Que esa forma mía de ser, un poco rara, era la explicación más racional a mi perpetua falta de libido y a que fuera una madre tan despegada.

Pero al desmitificar mis emociones, al entenderlas como lo que son, puras reacciones hormonales con propósito biológico, pude separarlas de la imagen que me había creado de mí misma. Yo no era seca ni áspera, ni siquiera era rara; era el miedo el que estaba interfiriendo en la expresión natural y equilibrada de mis emociones.

El miedo me había reducido a la mínima expresión de mí misma. Cronificado, se había convertido en el guionista de mi personalidad y se había ido convirtiendo, poco a poco, en el verdugo de mi cuerpo.

EJERCICIO PRÁCTICO
Las decisiones

En uno de los infinitos *scrolls* en Instagram me encontré con una pregunta: «¿Haces las cosas por amor o por miedo?». Mientras la procesaba seguí deslizándome por fotos de tostadas de aguacate y posturas de yoga hasta que algo se me tambaleó por dentro. Subí, frenética, hasta volver a tenerla de frente y cerré los ojos.

Expulsé el aire muy despacio y empecé a repasar una por una las cosas que me quedaban por hacer ese día; cada llamada, cada reunión, cada recado. ¿Cuántas iba a hacerlas por amor y cuántas iba a hacerlas por miedo?

Una de las llamadas tenía que hacerla para no parecer una desagradecida, la otra la llevaba posponiendo demasiado tiempo y tenía que hacerla sí o sí, porque si no terminaría por quedarme aislada. Solo una de las cuatro reuniones que tenía por delante eran para crear algo nuevo, las otras tres, necesarias para que no se fuera a la mierda el proyecto. El masaje era imprescindible para mantener a raya la temible celulitis e iba a comer solo una ensalada para no volver a subir de peso. No me apetecía nada ese evento de última hora, solo quería llegar a casa, pero tenía que hacer lo posible para seguir teniendo visibilidad y estar en el candelero.

Básicamente, la gran parte de las personas a las que iba a ver y a llamar, los sitios a los que iba a ir, lo que iba a comer y a qué iba a dedicar mi tiempo, iba a hacerlo por miedo. Por miedo a no cumplir las expectativas, por miedo al fracaso, por miedo a la exclusión y por miedo al rechazo.

Me pasaba los días tratando de evitar catástrofes, procurando mantener a la gente cerca y contenta y minimizando al máximo mis necesidades. Incluso el ejercicio y comer sano lo hacía por miedo a enfermar, a engordar y a alimentar mi desprecio. Prácticamente ninguna de mis decisiones diarias las tomaba por amor a mí misma ni por amor a nadie. Pocas eran las cosas que hacía para mí y así, desarrollarme, crear y disfrutar era muy complicado.

Preguntarme si hacía las cosas por amor o por miedo me impactó tanto que probé a empezar a hacerlo antes de tomar una decisión: antes de cada llamada, de decir que sí, de decir que no, de quedar con alguien o de comprometer mi tiempo.

Y esta sencilla práctica me transformó por completo.

Al principio me acordaba de hacerme la pregunta solo un par de veces al día, pero gradualmente se fue convirtiendo en un hábito hasta que hoy forma parte de mi proceso consciente decidir qué hago con mi energía y a qué me comprometo.

En el proceso, descubrí que había muchas cosas que hacía por un miedo ineludible y necesario, como algún evento familiar y bastantes de las cosas que estaban relacionadas con el trabajo. Pero descubrí también que había muchas otras que hacía por un miedo totalmente prescindible: el miedo al rechazo y a no cumplir con el papel que los demás necesitaban que representara para mantener el intercambio de energía con el que se sentían cómodos.

Este miedo a que alguien se enfadara, se sintiera rechazado o abandonado era un miedo ajeno que estaba haciendo mío y, al hacerlo, estaba perpetuando una colección de relaciones basadas en un sentido de la protección desplazado.

Porque el tiempo, la felicidad y la dignidad que tenía que proteger primero eran los míos. Así que dejé de llamar, dejé de quedar y poco a poco, dejé de decir que sí a muchas cosas. Y no pasó nada malo.

La gente que se molestó lo hizo porque mi atención dejó de llenar sus vacíos y les volvieron a escocer. Pero era precisamente esa atención la que yo necesitaba para recomponer los míos.

Las cosas a las que iba porque me creía imprescindible siguieron adelante sin mí y con la energía y el tiempo que me quedaron empecé a crearme la realidad que siempre había deseado.

Y decisión a decisión, en un periodo de dos años fui dejando que se marcharan de mi vida todas las personas, situaciones y obligaciones que no hacían más que perpetuar el miedo y mantenerme amordazada. De forma casi imperceptible, empezando por lo más pequeño, mi día a día terminó por dar un vuelco y con el músculo de priorizarme entrenado me regalé la oportunidad de empezar a crearme desde cero.

PASO 1

Te propongo un ejercicio práctico. Anota aquí las cosas más importantes que tienes que hacer esta semana. Procura que la lista refleje tanto tu vida profesional
como tu vida social, personal y familiar.

Tengo que llamar a:

....

....

....

....

....

....

Tengo que quedar con:

....

....

....

....

....

....

Tengo que ir a:

....

....

....

....

....

....

Tengo que organizar:

....

....

....

....

....

....

....

....

PASO 2

Ahora, vamos a hacer un experimento.

Imagina que la semana que viene la humanidad entera perdiera la memoria de los últimos siete días.

Que nada de lo que fueras a hacer o a no hacer, decir o no decir y ser o no ser fuera a tener ninguna consecuencia. Que la próxima semana fuera totalmente «gratis».

Siéntate, haz un par de respiraciones profundas y regálate cinco minutos para pensar qué harías:

Llamaría a ....y le diría:

....

....

....

....

....

Quedaría con:

....

....

....

....

Iría a:

....

....

....

....

....

....

Dedicaría mi tiempo a crear:

....

....

....

....

....

PASO 3

Compara las dos listas. La distancia que hay entre lo que vas a hacer esta semana y en lo que la invertirías si no hubiera ninguna consecuencia en los próximos siete días es uno de los indicadores de cuánto miedo hay integrado en tu proceso automático de toma de decisiones.

En mi caso, la única forma viable de pasar de una lista a la otra de un día para otro hubiera sido un holocausto zombi. Porque, en mi primera lista, solo una de todas las cosas que tenía por delante en los siguientes días era por mí y para mí y había decidido hacerla sin tener en cuenta las expectativas de nadie.

Así que empecé por lo fácil. A dejar poco a poco de llamar a las personas con las que compartía menos carga emocional, a no ir a los eventos multitudinarios que me parecían menos interesantes y a dejar de ofrecer proactivamente mi tiempo y mi ayuda a quien no me la estuviera pidiendo.

Empoderada y cada vez con más energía, fui viendo que al recuperar el poder sobre mi intención y sobre mi tiempo estaba, por fin, empezando a sentirme menos frustrada con mi vida.

Porque el poder es como la gravedad, lleva una inercia intrínseca que cuanto más cerca estás del objetivo más arrollador se hace y cada vez cuesta menos priorizarse y ponerse en el centro.

Y aunque desde el punto en el que estás ahora te cueste creerlo, la realidad de tu segunda lista te corresponde: tienes el derecho innato de tener esa vida y solo tú tienes el poder de crearla con las decisiones que tomas cada día. Pero lo primero que tienes que hacer es afianzar conscientemente el hábito de sacar el miedo de tu proceso de toma de decisiones y ponerte en el centro de tu vida.

1.3 LA EMOCIÓN SE ESCRIBE EN EL CUERPO

Aún mientras estaba sacando poco a poco el miedo de mi proceso de toma de decisiones, sentía el peso de años de patrones emocionales en el cuerpo, y es que llevaba tantos años dejándome arrastrar, convirtiendo en una realidad incuestionable el escenario que pintaban mis hormonas, que dar ese paso atrás para observar las emociones desde fuera y volver a tomar las riendas se me hacía a veces casi imposible.

Hasta que recordé que la emoción tiene su propia manera de escribir su verdad en nuestro cuerpo.

Recién cumplidos los 20 años, pasé de reinar en barras y coreografiar a bailarines semidesnudos a gestionar un centro de yoga para mi padre. Lo hice por aprovechar una oportunidad única de lograr por fin su aceptación y recuperar el título de «buena hija», pero, en vez de eso, me llevé la increíble experiencia de empezar a entender cómo se expresa la emoción en el cuerpo.

Vamos a hacer un pequeño experimento: visualiza a alguien que esté triste, a alguien que esté enfadado y a alguien que tenga miedo. ¿Qué diferencia hay entre ellos? Su postura. El lenguaje corporal va mucho más allá del movimiento; solo viendo a una persona quieta frente a nosotros, cualquiera somos capaces de intuir cómo se está sintiendo.

Y es que la tensión nos sube a los hombros y los agarrota y el abatimiento los vuelca vencidos hacia delante. La agresividad adelanta el pecho y la barbilla y el miedo nos esconde el vientre, como si hubiera recibido un puñetazo.

Y cuando el sentir se alarga en el tiempo, el cerebro lo automatiza en la mente y la musculatura lo fija en el cuerpo hasta que nuestra postura permanente empieza a contar también la historia que tenemos.

Cuando las emociones se cronifican en nuestra postura, afectan al equilibrio estructural del cuerpo: la circulación deja de fluir, se pinzan nervios y se comprimen fascias, órganos y glándulas.

Y nada de esto es inocuo, porque la presión mecánica de un músculo que no está en su sitio tiene un impacto directo en la producción hormonal de la glándula más cercana y en el funcionamiento general del cuerpo. Quizá es por eso por lo que el condicionamiento funciona en las dos direcciones, e igual que nuestra postura refleja nuestro estado anímico, cómo nos colocamos puede modificar directamente nuestros sentimientos.

Utilizar el cuerpo para transformar cómo nos estamos sintiendo funciona a corto y a largo plazo. Los efectos de cambiar la postura son inmediatos. Relajar los hombros cuando estamos tensos o expandirnos cuando nos sentimos apocados nos sacude la emoción enquistada y nos ayuda a despejarnos y mirar desde otra perspectiva. Pero también trabajar desde el cuerpo nos ayuda a desbloquear esos patrones emocionales cronificados que, además de definir nuestra personalidad, han terminado por definir cómo nos movemos.

Y así es cómo se escribe nuestro pasado en nuestro cuerpo, cómo nuestra actitud nos va moldeando y las fascias, cadenas musculares y finalmente las articulaciones, se van acomodando poco a poco a la emoción que a lo largo del tiempo más haya predominado.

Durante cinco años vi deshacerse el pasado en los cuerpos de casi trescientos alumnos. En sus primeras clases de yoga, la espalda se resistía, bloqueada, y el cierre de las caderas los clavaba rígidos sobre la colchoneta. Su mente, arrastrada por primera vez al aquí y al ahora en mucho tiempo, se distraía con el dolor y ni siquiera la respiración podía mantenerlos anclados al momento.

Algunos no volvían después de dos o tres clases, pero los que seguían iban poco a poco elongando lo acortado y flexibilizando lo agarrotado. Al entrenar el control de la mente y yendo por la vida más erguidos, más flexibles y más presentes, poco a poco los ansiolíticos y analgésicos dejaban de ser tan necesarios.

De todas las posturas, la más efectiva para revertir los patrones de sentimientos es la postura del cadáver o *savasana*. Mi padre siempre dice que es la postura más complicada, porque, aunque el cuerpo permanece tumbado boca arriba inmóvil, la consciencia que tomamos de él nos descalabra.

Es el escáner corporal, el proceso de ir tomando consciencia de cada parte del cuerpo y de intentar relajarla activamente, la que saca a la luz todo lo que tenemos guardado bajo las fascias. Y como ocurre con la respiración, es un camino de ida y vuelta; así como el sentimiento coloca el cuerpo, desde el cuerpo podemos afinar lo que estamos sintiendo.

A mí, ha habido escáneres corporales que me han hecho llorar. Cuando he llegado al pecho, a los hombros o al vientre y he dirigido toda mi atención a relajarlos activamente, se me ha soltado también el nudo que los estaba atando por dentro, y esa emoción reprimida se ha deshecho en lágrimas. Otras veces, he liberado rabia y siempre he activado el sistema parasimpático lo suficiente como para desbloquear toda la tensión acumulada.

Ahora, soy cada vez más consciente de mi postura a lo largo del día: he sacado el escáner de la colchoneta y me lo paso cada vez que mi mente entra en barrena e, invariablemente, la tensión se me acumula en los hombros; el simple acto de abrirlos y alejarlos todo lo posible de la cabeza ya me relaja y me reconecta. Liberar el cuello con algunos giros suaves me ayuda a despejar la mente, y abrir todo lo posible el pecho, entrelazando las manos detrás de la espalda o dejándome caer en el borde de la cama, es el antídoto perfecto para soltar los nudos de angustia enquistados.

Entender el porqué evolutivo de mis emociones y cómo se escribían en mi cuerpo me abrió la puerta a descubrir cómo estaban interfiriendo en mucho más que en mi estado de ánimo.

Observándome, escuchándome y sintiéndome empecé a ser consciente de cómo una de ellas se había convertido en el latido frenético de mi vacío y me estaba empujando a huir aún más rápido de mí misma.

Y así fue cómo después de entender el placer y de empezar a elegir conscientemente disfrutarlo con situaciones, alimentos y personas que no fueran contraproducentes, después de entender el porqué evolutivo de las emociones y cómo se estaban escribiendo en mi cuerpo, di el siguiente paso y decidí mirar de frente al miedo.

EJERCICIO PRÁCTICO
Escáner corporal

Túmbate en una superficie plana. Lo ideal es sobre una alfombra o una colchoneta fina, para que, aun si perder comodidad, puedas concentrarte en la sensación de peso sobre el suelo.

Busca un momento del día en el que nadie te vaya a interrumpir durante diez o quince minutos. Si quieres, pon algo de música instrumental relajante y, si lo necesitas, abrígate o cúbrete con una manta.

Túmbate boca arriba, cierra los ojos y respira.

Inspira profundamente, por la nariz, tomando todo el aire que puedas, y suéltalo lo más lentamente posible. Con cada expulsión, imagina que tu cuerpo es una escultura de hielo que se va derritiendo y que, con el agua, la tensión acumulada se va deshaciendo.

Después de cinco o seis respiraciones, cuando le hayas entregado al suelo tu agarrotamiento, deja que la respiración se autorregule, suavemente, y lleva la atención a tus pies.

Relájalos y, al expulsar el aire, siente cómo, completamente relajados, se van abriendo hasta caer hacia los lados.

Inspira y, al soltar el aire, relaja las piernas, desembarázate de la tensión de los gemelos, las rodillas y los muslos, y siente cómo caen con una profunda sensación de peso sobre el suelo.

Relaja los glúteos, suelta las caderas y observa el espacio que queda entre la zona baja de tu espalda y la colchoneta. Lleva la intención de tu respiración a la zona lumbar y regálale varias exhalaciones lentas y largas.

Afloja los nudos que haya en el vientre y sube la atención al pecho. Y abre. Siente el apoyo de los omóplatos, la profunda sensación de peso que extiende la espalda sobre el suelo y hace que, poco a poco, los hombros vayan cayendo.

Abre los hombros, aléjalos de las orejas y visualiza cómo se deshacen, cómo se desbloquean.

Desde el peso de los hombros, recorre suavemente la curva del cuello y cuando llegues a la cabeza, concentra ahí toda la sensación de peso. Siéntela caer sobre el suelo y relaja el entrecejo, los músculos de los ojos, las mejillas y la boca.

Separa los dientes y coloca la punta de la lengua en el paladar.

Y respira. Las veces que necesites. Las veces que quieras.

Quizá tu cuerpo te hable de uno o varios puntos de tensión. Quizá haya algo que te duela. Búscale a esa tensión o a ese dolor una forma geométrica y un color y visualizados, observa cómo, poco a poco, también se van derritiendo cada vez que sueltas el aire.

Cuando quieras, cuando hayas terminado, reconecta con la respiración y recupera la sensación de peso de todo el cuerpo sobre el suelo.

Empieza a mover los dedos de las manos, los dedos de los pies y muy muy lentamente, abre los ojos y deja que esta sensación de liberación te acompañe durante el resto del día en todos y cada uno de sus momentos.

LO **TOX**

Para mí, el estrés era la estrategia indispensable para alcanzar el éxito.

Y el éxito, la mayor acumulación posible de poder, reconocimiento y dinero.

Nada más graduarme en Antropología, traspasé el centro de yoga que dirigía y dos días después de mi primera boda me mudé a Madrid para estudiar el MBA que me aseguraría una participación en la gran carrera.

Y, a contrarreloj, trabajando catorce horas al día y estudiando en los trayectos de metro, me convencí de que la única forma de conseguir mi objetivo iba a ser luchando por él todas y cada una de las horas que estuviera despierta.

Y eso hice durante nueve años. Las prácticas en una empresa de perfumes y las clases de yoga nocturnas en comunidades de vecinos dieron paso a frenéticos proyectos digitales con los que conquistar Europa. Y con ellos llegó ese éxito y me convertí en la consejera delegada que siempre había imaginado que sería.

Mi vida se llenó de consejos de administración, sedes en capitales europeas y decenas de empleados. El tiempo se aceleró y las noches se fueron haciendo cada vez más cortas. Al ser el centro de las expectativas de tantas personas, el trabajo se convirtió en un videojuego en el que resolver situaciones límite casi a diario, y sin darme cuenta entré en un círculo vicioso de miedo y recompensa terriblemente adictivo.

Y descubrí que la forma más eficiente de conseguir un momento de paz era con un cigarrillo, y que una *pizza* y una copa eran la compensación más rápida a un mal día. Cuando el miedo al fracaso no era motivación suficiente, repasaba una a una las caras de todas las personas que perderían su inversión y su trabajo si no me ponía en pie y seguía adelante. Y así, seguí avanzando cada vez más desgastada y, cada vez, más altiva.

Porque el estrés era mi medalla de honor, era mi vida. Era la demostración de que estaba haciendo todo lo posible para cumplir las expectativas.

Y así, en todas las entrevistas de prensa alardeaba de trabajar todas las horas que estaba despierta y de soñar con mi empresa, como mínimo, un par de días a la semana. Me sentía tremendamente productiva cada vez que repetía que no me daba la vida, cuando mandaba correos electrónicos con una mano mientras daba el pecho y mientras fingía ir al baño durante una cena con amigos para apagar un fuego con un par de llamadas.

Tardé casi diez años en tocar fondo, pero, cuando lo hice y entendí el porqué evolutivo del miedo y cómo se expresaba en mi cuerpo, descubrí que estrés no es una estrategia de productividad, ni siquiera es el daño colateral necesario para una carrera profesional de éxito: el estrés es la cronificación patológica del miedo.

1. LA CRONIFICACIÓN

El estrés me había llevado a perder el control de mi cuerpo y a vivir permanentemente inflamada, agotada y rehén involuntaria de violentos ataques de ansiedad aleatorios. Estresada, vivía en alerta, a contrarreloj, reducida a mi versión más instintiva, más territorial, más limitada. Cada día era una repetición de los anteriores y, ante un desafío, en la rueda de hámster solo era capaz de tirar de respuestas prefabricadas y conseguir los mismos resultados una y otra vez.

La respuesta de cómo perseguir el éxito me había llevado hasta ese extremo, estaba en la forma en la que se escribe el miedo en nuestro cuerpo: el miedo tiene su propio circuito cerebral y en segundos y antes de que pueda reaccionar la mente consciente, desata una acción coordinada de neuronas, órganos y hormonas diseñada para salvarnos la vida. Cuando en su monitorización continua, el cerebro detecta el mínimo indicio de amenaza, el hipotálamo activa automáticamente el sistema nervioso simpático y avisa a las glándulas suprarrenales, que responden bombeando hormonas al torrente sanguíneo.

Así, para mejorar la respuesta y eficacia de los músculos, producimos adrenalina y noradrenalina que aceleran la frecuencia cardiaca, el pulso y la respiración, dilatan las vías aéreas y contraen los vasos sanguíneos. Estas dos hormonas, además, nos dilatan las pupilas y para evitar vómitos inoportunos en plena lucha o huida, alejan la sangre del sistema digestivo, paralizando cualquier proceso vital que esté en marcha.

El miedo nos hace también multiplicar la energía disponible para hacer frente a cualquier amenaza con el cortisol, que incrementa los niveles de azúcar en sangre, apaga el sistema inmunológico y el sistema reproductor y detiene los procesos de crecimiento y regeneración del organismo, drenando las áreas del cuerpo y el cerebro que no son imprescindibles para salvar la vida en ese momento.

Y así, nuestro cuerpo se transforma, totalmente optimizado para la lucha o para la huida, preparado para ser más rápido, más ágil y más explosivo. El miedo pausa todo lo prescindible y nos convierte en la versión más fuerte y resistente de nosotros mismos, pero lo que es prescindible ante el peligro es vital a largo plazo.

De este modo, la útil estrategia de supervivencia que acciona el miedo, cuando dura los pocos minutos para los que está diseñada, es lo más parecido a un superpoder, pero cuando se cronifica se convierte en un sordo gotero de veneno lento y corrosivo.

Y es que el bombardeo continuo de cortisol aumenta el apetito, la retención de líquidos y la acumulación de grasa. El cortisol destruye el colágeno y disminuye la formación ósea y, estresados, se nos agarran los kilos a la cintura y empezamos a envejecer antes de tiempo.

El exceso de cortisol daña las células del área del cerebro relacionada con la memoria y el aprendizaje, el hipocampo. Y con el hipocampo restringido vamos perdiendo memoria a corto plazo, entramos en una habitación y nada más llegar olvidamos qué íbamos buscando, levantamos el móvil y, al desbloquearlo, ya no sabemos para que lo habíamos sacado. Y, poco a poco, nos va envolviendo una niebla mental cada vez más espesa hasta que nos acostumbramos a ir funcionando cada vez más limitados.

Por su parte, la demanda continua de producción de adrenalina agota las glándulas suprarrenales desequilibrando las otras dos glándulas con las que está conectada: el hipotálamo y la pituitaria. Y esto termina por desatar una terrible reacción en cadena, porque al romperse el equilibrio, el estrés afecta también a los procesos que regulan estas glándulas. ¿Los efectos? Fatiga crónica, insomnio, desajustes emocionales y desaparición de la libido.

Cuando cronificamos la respuesta del miedo nos estamos regalando una sobredosis antinatural de hormonas de supervivencia y estamos alargando en el tiempo la estrategia puntual de drenar de recursos los sistemas prescindibles para pelear o salir corriendo.

Y así, limitamos el funcionamiento de los sistemas inmunitario, reproductor y digestivo. Asimismo, con el sistema nervioso simpático exacerbado, no dejamos energía ni lugar para los procesos necesarios de limpieza y regeneración del cuerpo.

Y es que, con el modo de supervivencia cronificado, nos convertimos en un país en guerra. Una guerra en la que no hay sitio para nada más que para atacar y defenderse, en la que se abandonan las escuelas y se diezman los hospitales. Un país en el que reparar infraestructuras y hacer florecer la cultura es materialmente inviable y todos los recursos están empleados en mantenerse con vida.

Por eso, yo había ido perdiendo efectividad con los años. Por eso, cada vez mis esfuerzos eran más inútiles, mis ideas más opacas y mis digestiones más lentas. Porque en esta cultura de repensar cientos de veces el pasado y preocuparnos hasta la saciedad por el futuro, en la exaltación de dormir poco, hacer mucho, estar siempre ocupada y llegar a todo había cronificado la respuesta natural y puntual de lucha o huida y me había quedado atrapada en el modo de supervivencia.

Y, atrapada, estaba llevando mi cuerpo al extremo: porque la sobredosis continua de adrenalina y cortisol estaba haciendo mucho más que mantenerme alerta, estaba destrozando el equilibrio necesario del resto de mi sistema hormonal.

Y esto, lo estaba destrozando todo, desde mi fertilidad a mi sistema inmunológico, regalándome por el camino ataques de hambre desbocada, grasa rebelde, agotamiento, fallos de memoria e insomnio. Prácticamente, un resumen de lo que yo creía que eran todos mis defectos.

Porque estaba definiendo mi personalidad a través de los síntomas de vivir en un modo de supervivencia cronificado y había terminado por culpar a la mala suerte de haber nacido así de poco bien hecha.

Porque estaba convencida de que era débil, estaba convencida de que no era lo suficientemente fuerte como para mantener el ritmo, para concentrarme más, para dormir menos.

Tengo la extraordinaria suerte de haber nacido y de vivir en un entorno social en el que poquísimas veces la tensión termina en violencia, en el que los animales salvajes están enjaulados y nunca nadie murió involuntariamente de frío, calor o hambre. ¿Por qué estaba cronificando así el modo de lucha o huida? ¿A qué estaba necesitando entonces sobrevivir? Estaba luchando por sobrevivir a lo que estaba pensando y a lo que estaba sintiendo.

2. EL PENSAMIENTO

El cerebro es un órgano fascinante; recibe más de cuarenta millones de estímulos por segundo y los procesa absolutamente todos. Y como nuestra mente consciente no es capaz de manejar más de nueve conceptos a la vez, es la corteza prefrontal la que decide a qué dirigir o no nuestra limitada atención ejecutiva. Y así, de toda esta impresionante capacidad de procesamiento, la mente consciente, esa voz constante en nuestra cabeza, retransmite solo una millonésima parte.

Imagina, por un momento, que estamos editando el capítulo de un *reality*, que tenemos todas las horas de vídeo de haber seguido a cinco personas, veinticuatro horas al día, durante toda una semana y de esos tres millones de minutos de material, nos podemos quedar solo con veinte.

Con tanto material entre el que elegir, esa pequeñísima selección puede contar básicamente la historia que queramos. Podemos inspirar con la acción solidaria de la que todos formaron parte, conmover con la inesperada y desgarradora confesión de un abuso o desternillar con una recopilación de los momentos más hilarantes. Tenemos el poder de hacer que quien vea nuestro capítulo piense que los participantes del *reality* están pasando la mejor semana de su vida o que están completa y absolutamente desesperados.

Igual que en un *reality*, la resumidísima selección que tu mente consciente hace del continuo procesamiento del cerebro no tiene por qué ser ni objetiva, ni productiva, ni voluntaria, pero es necesariamente vital, porque de la edición que hagamos de esos cuarenta millones de estímulos, de la historia que con ellos nos contemos sobre lo que estamos viviendo, dependen directamente nuestra salud física y nuestra capacidad biológica para alcanzar la felicidad.

Porque todo lo que piensas es verdad. Por lo menos lo es para tu cuerpo.

Que exista una conexión entre nuestros pensamientos y nuestro organismo puede sonar, *a priori*, muy esotérico, pero hay un ejemplo que ilustra cómo esta conexión no puede ser más innata y biológica: la capacidad que tiene un solo pensamiento erótico de desencadenar una reacción fisiológica con final feliz.

Porque el cerebro no distingue entre lo que piensa y lo que pasa. Por eso, hay pensamientos que activan fluidos y humedecen y levantan, y por eso, hay pensamientos que desencadenan las reacciones de lucha o huida y perpetúan el modo de supervivencia. Porque para el cerebro todo lo que pasa fuera y todo lo que pasa dentro son activaciones de redes neuronales.

¿Cómo funciona? Cualquier estímulo externo, esa información que recibimos a través de los sentidos sobre lo que está pasando a nuestro alrededor, después de realizar un recorrido cerebral u otro termina generando la activación de unas redes neuronales que, con nuestra atención, crean una representación en el lóbulo frontal del cerebro para terminar generando una respuesta química y hormonal inmediata.

Así, cuando discuto con alguien, mis sentidos procesan la agresividad de los gestos, la tensión del ambiente, la dureza de las palabras y la representación neuronal que se crea en mi lóbulo frontal desencadena una respuesta química y hormonal de lucha o huida. ¿Pero qué pasa cuando, una vez pasada la discusión, la recuerdo? ¿Qué pasa cuando imagino lo que hubiera podido pasar si le hubiera contestado otra cosa? Que tanto mis recuerdos como mi imaginación se expresan en pensamientos que también crean representaciones en el lóbulo frontal y desencadenan igualmente una respuesta química y hormonal de supervivencia.

Así, de todo el dolor que me había causado, por ejemplo, un momento violento, el agresor era responsable de un porcentaje pequeño. Todo el resto, todo ese otro dolor, era mío, porque con el recuerdo de sus gritos y del desgarro de sus palabras, me estaba convirtiendo yo en verdugo y reabriéndome y agrandando meticulosamente una y otra vez la herida.

Y así era como mis pensamientos estaban cronificando el modo de supervivencia mucho más allá de lo biológicamente necesario. Porque la amenaza real, esa discusión, esa reunión o esa situación violenta había ocurrido una sola vez, pero en mi mente la estaba imaginando, proyectando y recordando muchas, muchísimas veces, y cada vez que lo hacía, estaba desatando de nuevo esa respuesta química instintiva de defensa en mi organismo.

Pero es que es casi adictivo, ¿verdad? Para mí, era totalmente irresistible el reimaginar una y otra vez las confrontaciones que había tenido o incluso las que creía que podía llegar a tener algún día.

Qué le podría haber dicho, cómo habría reaccionado… Me enganchaba a preparar los argumentos palabra por palabra hasta llegar a aprendérmelos de memoria y me regodeaba en la derrota imaginaria del

contrario, visualizando hasta el último gesto de humi-
llación y arrepentimiento en su cara.

¿Y para qué? Era absurdo tanto ensayo, porque no iba
a poder volver al pasado, a reintentar la escena, ni tenía
en el presente la asertividad necesaria para levantar el
teléfono y llevarla a cabo.

Y, encima, en las pocas ocasiones en las que sí tenía
la oportunidad real de practicar lo ensayado, era totalmente contraproducente, porque había imaginado tantas veces en mi cabeza el camino que iba a llevar la
conversación que, sin querer, lo terminaba forzando. Y
así, escuchaba para contestar, no para entender, y acababa por soltar mi perfeccionado argumento a bocajarro convirtiendo una conversación normal en la ácida
confrontación que tanto había preparado.

Aún hoy, sabiendo el impacto químico y hormonal
que tiene lo que pienso en mi organismo, me tengo que
esforzar a veces para no dejarme llevar por el oscuro
placer de ganar discusiones mentales.

Y no solo es ganar, también es adictivo anticipar lo
malo. «Voy a llegar tarde», «me van a despedir», «se van
a reír todos de mí», «me va a terminar dejando»… Nos
pasamos la película una y otra vez, desatando explo-
sivas tormentas químicas por amenazas mentales que
no han ocurrido.

Mis favoritas: las infidelidades y el fracaso. Tengo una
colección bastante interesante de cuernos, pero nada
comparado, ni en cantidad ni en exotismo, con todos
los que me he guionizado y representado mentalmente.

Lo mismo con los fracasos. El abuso químico al que
me ha sometido el miedo a que las cosas salieran mal
multiplica exponencialmente el sufrimiento real de
cuando realmente algo no salió como esperaba.

Cerrar mi primera empresa, por ejemplo, dolió. Aún recuerdo el nudo en el estómago y cómo me temblaban la voz y las piernas delante de las treinta y seis personas a las que estaba a punto de despedir. Pero los ocho meses anteriores de anticipación mental me dejaron mucho más que ese nudo y ese temblor; el miedo constante me sumió en un estado crónico de ansiedad, pesadillas e insomnio, y hundida en el modo de supervivencia, me desconectó del acceso al potencial creativo que, quizá, me hubiera ayudado a encontrar mejores o diferentes soluciones a la situación.

Pero si recordar y anticipar además de doloroso es contraproducente… ¿por qué nos gusta tanto? Porque, como todas las estrategias buenas para la supervivencia, se automatizan y se premian con placer: recordar el daño que nos han hecho los demás tiene un propósito evolutivo; asegura, o por lo menos lo intenta, que evitemos tratar con esa persona en el futuro y que si lo hacemos, estemos prevenidos.

Imaginar situaciones que aún no han pasado y evaluar todas las opciones forma parte de nuestro potencial de creación. Solo así podemos materializar nuestras ideas y estar preparados para el mayor número posible de circunstancias de oportunidad o de adversidad.

Y nos dejamos llevar. Nos hundimos en el agridulce placer de dejar a la mente recrearse y entrar en bucle y, poco a poco, vamos perdiendo el control y cayendo en una espiral de repetición compulsiva. Y es esa repetición la que no es productiva, porque una vez que hemos grabado en nuestra mente de quién no nos podemos volver a fiar y hemos planificado soluciones a varios problemas potenciales, el trabajo evolutivo está hecho. Todo lo demás, es tóxico.

Pero ¿cómo llegamos a ese punto? ¿Cómo terminamos por convertir capacidades de supervivencia en complejas adicciones? ¿Qué nos pasa para terminar de perder así el control de nuestra mente?

Que nos identificamos con la voz del pensamiento consciente, la voz del editor de *reality*, esa voz que va editando lo que la corteza prefrontal considera más útil para navegar en nuestro día a día y que va poco a poco excediendo sus responsabilidades. Esa voz de la que nos vamos creyendo su versión respecto a todo lo que dice sin cuestionarlo y se va envalentonando, hasta que se impone y nos ocupa y nos activa el piloto automático.

Y una vez ahí, nos olvidamos de que somos mucho más, nos limitamos a ella y perdemos, de una vez y por completo, la capacidad de controlarla y, descontrolada, entra en espiral, porque al cerebro le gustan las cosas que funcionan y procura perder el menor tiempo posible haciendo experimentos.

Y así, a medida que un patrón de pensamiento se va repitiendo, el cerebro utiliza una de sus capacidades más asombrosas para automatizarlo: la neuroplasticidad. Y con ella va reforzando, cada vez, las conexiones neuronales que lo crean y cuando esas conexiones se fortalecen lo suficiente, el patrón se vuelve automático.

El mejor ejemplo es el de conducir. Las primeras veces eres incapaz siquiera de hablar o escuchar música a la vez. Toda tu atención está en hacer que el coche te lleve a donde quieres llegar y en reaccionar a tiempo y de forma segura a todos los imprevistos que te vas encontrando por la carretera, pero, en poco tiempo, las conexiones neuronales responsables de acelerar, frenar, cambiar de marcha o calcular la trayectoria y velocidad de otros vehículos se automatizan y pasan a un segundo plano mental inconsciente.

Esta capacidad es tremendamente útil, pero, de nuevo, según para lo que la usemos puede llegar a ser muy contraproducente. Porque nuestro cerebro automatiza cosas tan prácticas como conducir, leer o hablar otro idioma, pero también automatiza patrones mentales de depresión, ansiedad o ira. Y así, cada vez que nos entregamos a recordar algo que nos hizo daño o a fantasear con todo lo que podría salir mal, le estamos dando la señal al cerebro de que ese patrón de pensamiento es útil y le llevamos a reforzar las conexiones neuronales que lo producen para que la próxima vez volvamos a reaccionar así de forma más inmediata y automática.

Yo, a base de repetir pensamientos conscientes, le había enseñado a mi cerebro que vivía en un entorno de escasez y rechazo, donde los medios para poder sobrevivir eran inciertos y en el que vivía continuamente expuesta al repudio.

Y así, cada vez que algo iba mal en el trabajo o cada vez que me preocupaba o recordaba un fracaso, mis pensamientos estaban activando el miedo instintivo a no tener los recursos materiales para sobrevivir.

Cada vez que discutía con alguien, que recordaba una traición o me atormentaba la vergüenza de otro fracaso, despertaba el miedo innato a ser excluida del grupo y a no ser capaz de sobrevivir abandonada a mi suerte.

Le había dado al procesamiento consciente el control absoluto de mi yo, había dejado de cuestionarme mis reacciones y decisiones y había empezado a creerme sin filtro todo lo que pensaba. Y así, mi mente desbocada me mantenía a la defensiva y desconfiada y, aunque mi cuerpo se rebelaba cada vez con más vehemencia, me sentía totalmente incapaz de controlarla.

Necesitaba dejar de reaccionar y empezar a accionar de forma consciente, necesitaba desactivar el piloto automático y volver a ser capaz de elegir qué pensar y cómo comportarme.

Porque desconectada del presente, estaba perpetuando mi yo pasado, repitiendo una y otra vez la misma versión de mí misma y lo estaba haciendo por inercia, no porque esas actitudes y reacciones tuvieran resultado. Entregada a mi pasado y a mi futuro hacía muchísimo tiempo que no utilizaba mi espacio mental para crear nada nuevo; lo estaba usando para repetir en mi biología una y otra vez el recuerdo del dolor y la alerta del miedo. Y mientras, se me pasaban los días sin vivirlos, porque esta espiral de repetir el dolor y anticiparlo tenía secuestrada mi atención, mi concentración y mi consciencia y me estaba condenando a la peor dieta posible de sentimientos.

---

3. LOS SENTIMIENTOS

Fue en una boda de invierno, la última del año. Entre baile y baile nos sentamos en una esquina de la pista y mi amiga me preguntó:

—¿Cómo estás?

Y con la inconsciencia que dan las primeras dos copas de más en mucho tiempo me salí del guion y le dije la verdad.

—Rara. Mal. A veces me falta el aire y se me duermen los brazos y me da terror porque no lo puedo controlar.

Entre los haces rítmicos del láser la vi sonreír.

—Yo empiezo así y acabo en el hospital una vez al mes. He empezado con pastillas y estoy algo mejor. Paso de ir a terapia.

Y su confesión, tan espontánea e inesperada como la mía, aflojó la garra de soledad que me atenazaba el pecho y me soltó el nudo de la garganta. Casi me pongo a llorar.

—Tenemos que quedar más.

Y sonó Pitbull y como un par de resortes nos abalanzamos a terminar de exprimir lo que nos quedaba de ese fugaz paréntesis de libertad.

Dos meses después, recostada en una sala de urgencias con una vía de ansiolíticos en el brazo, me bajé de la rueda de hámster.

Porque por primera vez desde que podía hacer memoria, me sentía bien.

Porque llevaba tantos años poniendo una sonrisa radiante hacia fuera y hacia dentro que había terminado por creérmela y había empezado a llamarle estar bien a otra cosa; y esa otra cosa era vivir acorralada por la voz agria, rígida e incesante de mi mente.

Pero el ansiolítico la había callado, del todo, y con ella se habían esfumado las náuseas, el miedo y las lágrimas agolpadas y de su silencio estaba brotando algo muy parecido a la felicidad.

Las emociones son involuntarias, duran lo que dura su proceso biológico y tal y como vienen, se van. Así, lo animal llega hasta esta respuesta hormonal inmediata y a partir de ahí, entra lo humano: porque tenemos la

capacidad de trascender lo evolutivo y decidir conscientemente qué realidad creamos y de cómo, cuándo
y cuánto pensemos sobre una emoción dependerá el
sentimiento en que la transformamos.

Porque los sentimientos son cómo decidimos pensar
las emociones. Los sentimientos son, básicamente, el
resultado del guion que usamos para editar los millones de minutos de grabación en un solo capítulo de
nuestro *reality* y lo que sentimos es la consecuencia
de la decisión que hayamos tomado acerca de si el
capítulo va a ser un *thriller*, un drama o una comedia.

Porque cómo pensamos sobre algo es totalmente sub-
jetivo. En mi caso, hay cosas, como algunos cuernos, que
en su momento viví como el fin del mundo y que hoy
recuerdo con muchísimo agradecimiento.

Y es justo en la narrativa que nos contamos donde
está el poder de cambiarlo todo. Yo, por ejemplo, la ira
la pensaba desde el miedo. Me aterrorizaba la posibilidad de que me rechazaran si dejaba que la emoción
se expresara y así, ese patrón de pensamiento convertía
la emoción de la ira en un sentimiento de frustración
amarga.

Lo mismo me ocurría también una y otra vez con las
emociones que nada tenían que ver con mis sistemas
innatos de defensa. Así, cuando mi cerebro me avisa-
ba de que iba todo bien con una agradable emoción
de tranquilidad, desde el modo de supervivencia cronificado pensaba en la emoción de calma desde mi
sempiterno miedo y la convertía en un sentimiento de
intranquilidad y desconfianza.

Los momentos en los que me invadía la felicidad, la
pensaba desde mi permanente creencia de desmereci-
miento, y yo solita convertía el momento de alegría que

me estaba regalando mi cerebro en un sentimiento de culpabilidad y vergüenza por una abundancia inesperada que estaba segura de que no merecía.

Y es que no podemos controlar lo que pasa en nuestro entorno, ni cómo nuestro cerebro lo interpreta, lo valora y con qué emoción nos lo traslada. Pero tenemos la extraordinaria capacidad de elegir consciente y voluntariamente en qué sentimiento convertirlo y el impacto directo que con él creamos en nuestra salud y en nuestro cuerpo.

¿Recuerdas que nuestro cerebro no distingue entre lo que piensa y lo que pasa porque todo lo procesa como pensamientos? Esto aquí se vuelve crucial, porque cuándo pensemos la emoción determina también cómo la convertimos en sentimiento. Y así, las emociones que vivimos cuando están pasando, las que brotan cuando recordamos y las que detonamos cuando imaginamos escenarios mentales, todas, al pensarlas, generan también sentimientos con un impacto químico en el cuerpo.

Y en función de cuánto las pensemos, elegimos también cuánto dura su resultado: una emoción no se alarga mucho más que el evento que la haya provocado, un sentimiento dura todo el tiempo que lo estemos pensando. Y si lo pensamos mucho y muchas veces, el cerebro, en su eficiencia ejecutiva lo automatiza y termina por cronificarlo al anclarlo en un patrón de pensamiento.

Cuando estamos hundidos en el modo de supervivencia, dejamos de accionar conscientemente y en piloto automático, usando nuestros patrones, solo reaccionamos. Por eso, el sentir cronificado

**desde el miedo le da forma a quiénes somos a par-
tir de las cosas que nos han pasado y arrastra a
nuestro presente todo nuestro dolor acumulado.**

Y el miedo al dolor se queda ahí, como unas lentillas
intraoculares con las que interpretar la vida, mientras
deja las cicatrices del pasado escritas en nuestro cuerpo. Porque cómo pensamos las emociones, cuándo y
cuánto, determina nuestra dieta diaria de sentimientos,
y de la dieta que tengamos depende directamente el
correcto funcionamiento de nuestro organismo.

Sabemos que el modo de supervivencia cronificado
drena nuestros sistemas reproductivos, digestivos e in-
munitarios y acaba por destrozar el equilibrio necesario entre las glándulas hormonales más importantes.

Y si para activar el modo de lucha o huida, nuestro
organismo implica a neuronas y órganos a través del
eje hipofisario-pituitario-adrenal, para activar las emociones de amor, felicidad y apego, lo hace a través del
nervio vago. El nervio vago es lo que conecta el cuerpo
y la mente, el canal que traslada el impacto de nuestras
emociones al cuerpo y articula la ejecución de nuestro
comportamiento.

Empieza en la base del cráneo y, desde ahí, impulsa
los microcomportamientos innatos que nos conectan
con los demás: la empatía que mostramos al inclinar la
cabeza a un lado, la vergüenza y sumisión que mostramos al agacharla, la cooperación de asentir o la dirección atenta de la mirada.

En su bajada por el cuello nos comunica, regulando
la vocalización de nuestra voz, y en el pecho dirige la
relación entre nuestra respiración y el ritmo cardiaco.

Un poco más abajo, conecta los cien millones de

neuronas que tenemos en el estómago directamente con el cerebro. Y esto es especialmente importante, porque estos cien millones de neuronas son las responsables del 90 % de la producción del neuromodulador que regula la ira, la agresión, el apetito, la memoria, la sexualidad y la atención: la serotonina.

Y así, desde la base del cráneo hasta el intestino, pasando por la expresión corporal, la voz, la respiración y el ritmo cardiaco, el nervio vago cierra el círculo vicioso o virtuoso entre lo que comemos, lo que sentimos y lo que pensamos.

Esta conexión, tan intuida como denostada, ha estado relegada durante años a poco más que un misticismo incómodo. Hoy, la tecnología nos ha permitido empezar a entender cómo funciona el cerebro y de qué forma tiene un impacto en el resto del organismo la química que generan nuestros pensamientos. Así, se ha comprobado que la química de los sentimientos de apego nos alarga la vida y que mejora nuestra respuesta al dolor y a la inflamación. Además, nuestra dieta de sentimientos determina el entorno químico en el que las células expresan nuestro material genético y así, lo que estemos sintiendo influye directamente en cuáles, de todas nuestras posibilidades, se encienden o se apagan. Una buena dieta de sentimientos optimiza la expresión de nuestra genética y es la mejor receta para el bienestar, la vitalidad y una vida longeva.

De este modo, todo este conocimiento articulado en miles de estudios científicos evidencia que cada pensamiento y cada sentimiento tienen un impacto químico directo en el cuerpo, y de la mano de este conocimiento viene una gran responsabilidad: la capacidad de controlar nuestro pensamiento y, por ende, qué realidad creamos para nuestro cerebro, es solo nuestra.

Son el género que elegimos para nuestro *reality* y cada capítulo que guionizamos los que, a través del nervio vago, se escriben en el bienestar de nuestro cuerpo. Y así como el amor y sus derivados nos equilibran y regeneran, el miedo y la lucha por la supervivencia nos rompen por dentro.

En mi caso, descubrir el nervio vago, sus conexiones y funcionamiento, me abrió la puerta a entender años de vómitos, desmayos y taquicardias que ningún médico diagnosticaba. La primera vez que una discusión me hizo perder el conocimiento tenía catorce años. Recuerdo volver despacio, sin saber muy bien quién era ni dónde estaba, al frío del suelo de la cocina en la nuca, zarandeada por la voz desencajada de mi madre.

Esa crisis vagal fue la primera de muchas: me he desplomado en discotecas, aviones, ferias y estudios de tatuaje. Todo empezaba con un hormigueo en los brazos y un insoportable ardor en el cuello, después venía una violenta náusea, el zumbido en los oídos y una ventana de pocos y angustiosos segundos justo antes de perder completamente la consciencia.

Con los años, descubrí que, si me ponía hielo en el cuello a tiempo, era capaz de evitar el apagón y mantenerme aún nauseabunda pero consciente, sin embargo, la incertidumbre de saber que me podía ocurrir en cualquier momento me mantenía vigilante y desconfiada, sobre todo cuando estaba fuera de casa.

Y es que el tono del nervio vago es determinante, su inflamación produce dolores de cabeza, violentos vómitos, ardores o acidez de estómago, sudoración excesiva, mareos e incluso pérdidas de consciencia. Todos ellos síntomas que los medicamentos palian, pero cuando están causados por el nervio vago se pueden prevenir y revertir recuperando el control sobre nuestros sentimientos.

Y esta es una de esas cosas que son muy fáciles de decir y un gran reto que poner en práctica, porque los patrones de pensamiento que convierten nuestras emociones innatas en sentimientos tóxicos cronificados –como el miedo, la frustración, la vergüenza o la rabia–, están tan imbricados en nuestra mente que se convierten en nuestro estado por defecto cuando estamos en modo piloto automático. Básicamente, la mayor parte del tiempo.

Es difícil recuperar el control sobre nuestros sentimientos, pero es también tan necesario como posible, porque una vez que vamos ejercitando la consciencia y vamos desactivando cada vez durante periodos de tiempo más largos el piloto automático, salimos del modo de supervivencia y recuperamos el tono del nervio vago.

Así, el tono del nervio vago mejora cuando sentimos empatía e inspiración. Trabajamos su respuesta al hacer ejercicio y con la práctica de la meditación, y cuando aumenta, tenemos más generosidad, confianza y resiliencia. Pero siempre, su tono depende del sentimiento que estemos creando con nuestros pensamientos.

Por eso nuestra dieta diaria de sentimientos es crucial. Es determinante para nuestra salud y va incluso más allá, porque cambiamos el 1 % de nuestras células cada día y los sentimientos crean el entorno químico y bacteriológico que condiciona la expresión genética de cómo se renuevan. De manera que lo que sentimos cambia literalmente lo que somos y depende, directamente, de la capacidad que tengamos de controlar nuestro pensamiento.

PENSAR
NO**TOX**

Estoy tumbada en el sofá. De vez en cuando, siento al pequeño Gael acurrucarse suavemente bajo mi piel. Su padre y su hermano están bailando como locos una canción de los Beatles y mirándolos he perdido la noción del tiempo entre carcajadas. No estoy pensando en las cosas que me quedan por hacer. No me estoy sintiendo culpable por «perder» el tiempo. Estoy disfrutando.

Es una sensación tan insólita que aún me sorprende, el no sentir el arrastre continuo del anzuelo del «tengo que», el «estar» y punto. Sin opinarme ni despreciarme por hacerlo. Tengo más energía en la recta final de mi segundo embarazo de la que tenía cuando me comía el mundo con veintitantos. Me río, muchas veces al día, y por las noches me quedo dormida en minutos.

Miro a los ojos a bocajarro. Me como a mi hijo a besos sin miedo a que me rechace y, por dentro, vuelven a brotar las ideas a borbotones. Trabajo muchísimo menos y consigo mil veces más. Porque soy más efectiva, más creativa y mucho más eficiente. No he vuelto a vomitar. Ni a desmayarme. Y poco a poco le estoy perdiendo el miedo a mi cuerpo.

Desde que me bajé de la rueda de hámster en una sala de urgencias hasta hoy, han pasado dos años. Dos años de investigar y reflexionar, de probar, de recaer, enfadarme y de volver a intentarlo. De tomar todo lo que había en mi vida e ir pieza por pieza optimizando o descartando. Dejando ir. Dejándome ser y empezar de cero.

Y es increíble lo que escuece mirarse de frente y lo que

*libera romperse, porque llevaba tantísimo tiempo atasca-
da en el modo de supervivencia que había olvidado lo
bien que se está al otro lado del miedo. Ese miedo que
nos activa la amígdala y pone en marcha el modo de
lucha o huida. Ese miedo instintivo a la confrontación y
a la escasez, a la exclusión y a la pérdida.*

*Un miedo que se retroalimenta, que se termina por
automatizar como patrón emocional y de pensamiento,
cronificando una respuesta química y hormonal que nos
va vaciando por dentro. Y yo estaba totalmente vacía,
tantos años con los recursos físicos y mentales dedica-
dos a asegurar mi supervivencia habían terminado por
disecarme por dentro a todos los niveles.*

*Porque ese estrés del que estaba tan orgullosa era lo
que, ofuscándome en mantenerme con vida, me estaba
precisamente impidiendo desarrollar todo mi potencial,
porque somos el único animal capaz de ir más allá de
sus útiles mecanismos de supervivencia para dejar de
reaccionar al exterior y empezar a accionar desde un
auténtico libre albedrío. Somos los únicos con el potencial de crear, decisión a decisión, una vida consciente.*

*Pero son precisamente las capacidades que nos ha-
cen humanos las que son totalmente prescindibles en
una situación de vida o muerte. Y, estresada, estaba apa-
gando el área del cerebro que me daba acceso a todo
mi potencial, y con la capacidad de tomar decisiones
conscientes secuestrada, me costaba la vida negarle a
mi cuerpo la comida basura, el tabaco y el alcohol que
me demandaba.*

*Desconectada de mi potencial creativo, era cada vez
más incapaz de imaginar soluciones nuevas a los problemas de siempre y vivía atrapada en un círculo vicioso de responder a mi vida con estrategias ineficientes.*

EL MIEDO

Y entendí que si era capaz de librarme de los patrones mentales que estaban perpetuando la respuesta de lucha o huida, mi organismo volvería a recuperar su equilibrio y, una vez equilibrada, los mecanismos diseñados para salvarme la vida dejarían de ponerme la zancadilla y abrirían la puerta a todo mi potencial.

Para conseguirlo, recuperé las tres técnicas que tuve la increíble oportunidad de poder aprender desde muy pequeña: la meditación, la atención plena y la respiración consciente. Las tres, juntas o por separado, tienen un impacto directo y positivo en nuestro organismo y tienen la capacidad de reconfigurar poco a poco los patrones mentales tóxicos que están drenando nuestra vida. Ninguna de ellas es una religión, ni una moda, todas son capacidades innatas de cualquier ser humano y todas nos entrenan para librarnos del sistema de creencias y comportamientos que nos está limitando.

1. ESTAR PRESENTE

Puedo bailar durante horas. Mejor si no mira nadie o si quien baila conmigo lo hace también sin sujetarse el cuerpo. Cuando bailo pierdo la noción del tiempo y casi de mis necesidades fisiológicas más básicas. Me olvido de comer, se me quita el sueño y no encuentro el momento para ir al baño.

Me pasa lo mismo cuando cocino, cuando investigo, con una buena novela o cuando me pongo a escribir; estoy en ese estado que se conoce como «la zona», que no es más que la versión más fluida y entretenida de estar presente. Dicen los deportistas de élite que cuando están en la zona mejora su rendimiento, y en entornos corporativos se crean dinámicas para poner en la zona a los equipos de innovación de alto rendimiento.

Podemos entrar en la zona montando en bicicleta, tejiendo, planchando y creando. Cualquier actividad que nos absorba por completo y nos inmunice contra las distracciones nos está anclando al presente y está parando en seco la repetición de patrones tóxicos. Pero estar en la zona no tiene por qué ser siempre productivo.

La primera vez que me partieron el corazón tenía 16 años. En un festival de verano, al que mis padres no me dejaron ir, mi primer novio se dejó llevar por otra pasión en un lluvioso concierto de The Cranberries. Ella era mayor que yo, más mujer, más guapa. Tenía los ojos verdes, voz de cantante de *jazz* y fumaba. Yo, además de empezar a fumar y comprarme sus mismos pantalones de campana, me convertí en la mejor clienta del videoclub de al lado de casa.

Para sacarme del mutismo hermético en el que estaba sepultada, mi madre había comprado un reproductor de DVD y había difuminado, casi por completo, la limitación de horas de televisión a la semana. Así que me entregué al cine de forma pasiva y compulsiva. El encefalograma plano con el que me postraba en el sofá me regalaba las únicas treguas a la autocompasión perenne y a las lágrimas. Estaba en la zona, pero para postergar el dolor, no para crear nada nuevo ni para reconocerme.

Para mí, en ese momento fue el cine y para otros han sido los videojuegos, el golf o las drogas. Todos tenemos esa actividad que nos trae al presente y nos vacía de todo lo demás: puede ser más o menos productiva o más o menos natural, pero es siempre algo a lo que queremos volver una y otra vez. Y es normal, porque estamos presentes.

Estar presente es nuestro estado innato, es el estado en el que viven permanentemente los niños y el resto de los animales, el estado en el que somos plenamente conscientes de la información que nos envían los sentidos; lo que vemos, las sensaciones de la piel, las percepciones del oído... y el cien por cien de nuestra atención está dirigido a lo que estamos haciendo en ese momento.

Y como nuestra atención es tan limitada, cuando la centramos en el aquí y en el ahora no le queda capacidad para repetir patrones de pensamiento tóxicos, y sin ellos desaparece también la respuesta química y hormonal que perpetúa la respuesta del miedo.

Cuando estamos presentes se activa el sistema nervioso parasimpático y todos los recursos que, estresados, destinábamos a luchar mejor y huir más rápido

vuelven a su lugar y reactivan los procesos de regeneración, limpieza y mantenimiento del cuerpo.

Cuando somos plenamente conscientes de lo que
estamos haciendo, recuperamos también el acceso a
todo nuestro potencial creativo, a nuestras capacidades
más humanas, y podemos ejercer de nuevo nuestro libre albedrío. Estar presente es vivir la vida como si de
verdad importara, y podemos conseguirlo por defecto
entrando en la zona o podemos entrenar la atención
de forma sistemática como si fuera un músculo y alcanzar el estado de plena consciencia (o como se le
llama ahora, *mindfulness*) de forma voluntaria durante
la mayor parte del tiempo. ¿Cómo? Dirigiendo la atención de forma consciente a algo externo o interno y
manteniéndola lo más libre posible de interferencias
durante la mayor cantidad posible de tiempo.

EJERCICIO PRÁCTICO
Estar presente

Empezar a entrenar la consciencia plena es más fácil cuando lo haces con una actividad placentera. Elige una actividad diaria que disfrutes, como cocinar, ducharte, escuchar música, maquillarte o ponerte crema y vívela como si fuera lo único que realmente existiera.

A mí, por ejemplo, me encanta lavarme el pelo, así que empecé, cada mañana, a hacerlo de forma consciente. Y convertí lo que hasta entonces no había sido más que un trámite higiénico, en un ritual de reconexión y reconocimiento.

Nada más abrir el agua caliente desactivaba el piloto automático e intentaba llevar toda mi atención a las sensaciones de mi cuerpo: el agua tibia sobre la piel, el aroma a lavanda del gel, la caricia firme y rítmica de mis manos. Cuando llegaba el momento de lavarme la cabeza, preparaba el champú y cerraba los ojos, lista para hacer desaparecer al resto del mundo y perderme en el profundo placer de la presión de mis dedos sobre el cuero cabelludo. Y al aclararme, dejaba que el agua arrastrara con el jabón toda la tensión con la que hubiera amanecido y salía de la ducha más consciente, más conectada y más viva de lo que había entrado.

Piensa en todas las cosas que podrías convertir en un ritual para estar más presente. Vivimos con el piloto automático activado, pero la única diferencia entre un trámite y un entrenamiento para mejorar el bienestar y recuperar el control de la mente es tomar la decisión y crear el hábito de tomar los mandos de la situación que estamos viviendo.

Cuando estás presente, la comida está más rica, las conversaciones son más profundas y el sexo es más potente, y conseguirlo depende solo de tomar la decisión de empezar a hacerlo. Elige tu momento y conviértelo en un ritual. Tiene que ser algo que tengas completamente automatizado, para lo que no necesites la mente consciente, y una vez que estés en ello, en vez de dejar que se active el piloto automático de patrones de pensamiento tóxicos en bucle, lleva toda tu atención a las sensaciones de tu cuerpo.

Las primeras veces quizá no pasen más de unos segundos hasta que el piloto automático intente reactivarse, pero ese es el momento en el que puedes utilizar la intención y el placer para volver a absorberte.

2. LA RESPIRACIÓN
CONSCIENTE

Todos respiramos todo el rato.Y menos mal, porque podemos sobrevivir semanas sin comer, días sin dormir ni beber agua, pero no más de unos minutos sin respirar. Este acto necesario y automático, cuando se hace consciente, nos abre la puerta a recuperar el control de cómo estamos, porque está directamente conectado con nuestra respuesta emocional.

La desesperación nos arranca suspiros, el miedo apneas, la ira largas inspiraciones y el alivio exhalaciones lentas y liberadoras. Cada emoción, cada estado hormonal, llevan un patrón de respiración asociado y así es como podemos, a través de la respiración, modular voluntariamente la expresión de nuestro sistema nervioso.

Cuando respiramos como si estuviéramos tranquilos aun sin estarlo, empezamos a remar a contracorriente y si le dedicamos la atención y el tiempo suficiente, podemos llegar a convertir el torrente en un plácido lago. Porque la respiración consciente nos conecta con el aquí y el ahora, nos devuelve al cuerpo. Es como un enclave inmediato al presente que tiene la increíble capacidad de sacar a nuestro organismo del modo de lucha o huida. Y se puede practicar en cualquier lugar y en cualquier momento.

Para mí, se convirtió en el antídoto de emergencia contra los ataques de ansiedad. Cuando me secuestraba el miedo y me faltaba el aire y los brazos y la cara se me paralizaban en un hormigueo, ir bocanada a bocanada recuperando el control de la entrada y salida del aire era lo único capaz de devolverme a mi cuerpo.

He incorporado también la respiración consciente en mi rutina nocturna contra el insomnio. La respiración abdominal, esa que de forma innata hacen todos los niños, es como un bálsamo para el sistema nervioso y no puede ser más fácil: solo hay que imaginar (aunque no sea anatómicamente correcto) que el vientre es como un globo que llenamos al inspirar y vaciamos al expulsar el aire. Y así, poco a poco, vamos espaciando las respiraciones, inspirando profundamente y expulsando el aire lo más lentamente posible.

Y funciona porque relaja el organismo y porque mantiene ocupada la mente ahuyentando la tentación de repasar compulsivamente lo peor del día y de planificar, hasta el agotamiento, todo lo que queda por hacer mañana.

La respiración es el ancla que suelto cada vez que siento que todo alrededor se arremolina y empieza a arrastrarme; cuando los niños gritan y aún tengo que ducharme y enviar un correo, cuando no he previsto el atasco y llego tarde, cuando en vez de como yo esperaba las cosas deciden pasar a su manera.

Hay muchas técnicas de respiración y todas son muy efectivas, pero todos sabemos respirar y solo con hacerlo de forma consciente podemos empezar a aprovechar todos sus efectos. Porque la respiración consciente es, además de un antídoto contra la ansiedad inmediata, el primer paso para aprender a recuperar el control de la mente meditando.

3. LA MEDITACIÓN

Empecé a practicar meditación desde muy pequeña. Eran los últimos años de la década de los ochenta en León, una coqueta capital de provincia, y lo que mis padres y yo hacíamos era considerado muy muy raro. Porque lo de no comer carne, hacer yoga, meditar y poner incienso en casa era por aquel entonces de *hippies* trasnochados. Meditar, especialmente, era una práctica más bien exótica, espiritual y privada de la que no se me ocurría hablar a nadie fuera de casa y que mi padre enseñaba en agrestes retiros de fin de semana.

Una práctica que hoy acumula mucha evidencia científica sobre sus efectos transformadores en el cerebro: practicada regularmente, aumenta la densidad de la materia gris de la corteza prefrontal, ese área que nos hace humanos, y mejora nuestra capacidad de concentración, de toma de decisiones y de gestión de crisis. Además, meditar nos hace más resistentes al estrés y al miedo y nos devuelve el control consciente sobre nuestros patrones de pensamiento.

Porque cuando meditamos observamos el discurso de la mente como ajeno. Meditar nos devuelve poco a poco la consciencia y nos permite recuperar la capacidad de decisión sobre cómo pensamos cada emoción, de qué recordamos, cuántas veces lo hacemos y qué tipo de pensamientos proyectamos.

Empezar a meditar es un reto. Las primeras sesiones son incómodas, frustrantes y, a la vez, reveladoras. Nos sentamos y mientras fijamos la atención en la respiración o en algún objeto somos más o menos capaces de mantenerla, pero cuando toca soltar y llevarla hacia dentro la mente entra en espiral.

¿Qué hora será? ¿Cuánto tiempo llevo? Esto no puede alargarse mucho que luego con el atasco que habrá no llego ni queriendo. ¿Qué se supone que tengo que hacer? ¿No pensar? Pues ya me dirán cómo se hace eso. Mañana no se me puede olvidar comprar huevos cuando salga. Y tengo que llamar a Agustín. Madre mía cómo me está doliendo la espalda. Y este tío no dice nada. ¿Qué hora será? ¿Cuánto tiempo llevo?

Nos duele la espalda y nos pica el cuerpo. Solo por vergüenza y por no molestar no nos levantamos y salimos corriendo. Y, a la vez, lo estamos consiguiendo, porque estamos siendo conscientes de nuestros pensamientos. Sin darnos cuenta hemos tomado perspectiva y, aún sin poder controlarlos, reconocemos que no deberíamos estar teniéndolos. Acabamos de activar la consciencia. Acabamos de recuperar el acceso a nuestro yo completo y, desde ahí, solo es cuestión de empezar a entrenarlo.

Al principio, dos o tres minutos de meditación se hacen eternos, el parloteo interno es incesante, desmotivante y antipático, y parece que lo único que estamos consiguiendo es ponernos más nerviosos. Pero, poco a poco, si nos mantenemos neutrales y nos escuchamos sin reprimir y sin juzgar, ajenos y sin seguirle el rollo, la mente se va quedando sin metralla y aparece el silencio.

Es justamente ese silencio que bailando, cocinando o corriendo nos engancha en la zona. Ese silencio que borra los límites del espacio y el tiempo cuando nos entregamos a algo que nos apasiona, pero que cuando meditamos es dirigido, voluntario y consciente.

Pocas cosas hay más satisfactorias que recuperar el control de la mente. Los silencios son al principio efímeros, brevísimos, pero, poco a poco, vamos siendo capaces de alargarlos, y esas meditaciones de las que no veíamos el momento de salir se convierten en uno de los mejores regalos del día y veinte o treinta minutos llegan a quedarse cortos.

Porque meditar nos expande y nos reconecta. Meditar refuerza neurológicamente las funciones ejecutivas del cerebro y nos devuelve la capacidad de trascender los patrones mentales automatizados. Es como si fuéramos un lago y cada pensamiento una piedra que tiramos enturbiando el fondo y creando ondas superpuestas. Al meditar, entrenamos de forma sistemática y consciente la atención, observando cada piedra y decidiendo si lanzarla o no, hasta que se aquieta y aclara el agua y por fin podemos ver el fondo.

Y ver el fondo nos abre la puerta a mucho y no todo es bueno. Por eso meditar es el primer paso a un viaje más profundo: el viaje a identificar y mirar de frente al dolor que exacerba el miedo.

4. LA DIETA DE SENTIMIENTOS

Desde que tengo memoria, él había sido el termómetro de mi autoestima.

Medía la validez de mis ideas con sus sonrisas y todo lo que de mí no servía con la rivalidad de sus miradas.

Vivía desgarrada la complicidad que compartía con mi hermana y me abofeteaba una y otra vez la certeza de que mi sola presencia le incomodaba.

En los días que pasaba encerrado en la habitación saliendo solo a hurtadillas a media noche para comer algo rápido, se me apagaba del todo el mundo y en sus hilarantes momentos de euforia, algo dentro de mí se aferraba fuerte al salvavidas inerte de no sentir nada esperando que volviera a estallar la catástrofe.

No fui médico, ni abogada, y cuando intenté seguir sus pasos para lograr por fin que me mirara, lo único que conseguí fue que de un portazo no volviera nunca a casa.

Desestimada, le busqué en tantos otros gritos, y me quedé tantos años de rodillas esperando por fin su aprobación en los abusos de otros, que muy pronto el abandono se convirtió en una furia abrasada y devastadora.

Porque decidí que la culpa de todas las situaciones de las que yo no había salido corriendo era total y completamente suya y le convertí en el único culpable de toda la rabia que llevaba encima.

Y esa rabia que había hecho suya se escribió en todas y cada una de mis neuronas y se convirtió en el estado basal de mi alma.

Después de estudiar la conexión entre mente, alimento y sentimientos que articula el nervio vago, dejé de ver los sentimientos como algo superfluo e irrelevante, porque más allá de ponerme de mejor o de peor humor, estaban teniendo un impacto directo en mi cuerpo.

Así que tomé la decisión de, además de la lista de todas las cosas que tenía que hacer cada día, preparar una lista de las cosas que tenía que sentir por lo menos una vez antes de volver a meterme en la cama.

Mi lista era algo así:

- Tranquilidad.
- Autoestima.
- Alegría.

Corta, directa y en principio sencilla. Pero empezaron a pasar los días y con suerte conseguía sentir, a veces y un ratito, una de las tres. Y es que mi dieta diaria de sentimientos era totalmente diferente; básicamente, me pasaba el día frustrada y rabiosa, me desesperaban las cosas que iban lentas y me angustiaban las que iban demasiado rápido porque tenía una opinión mental sobre todo y nada pasaba nunca como yo creía que tenía que pasar.

Pero, sobre todo y todo el tiempo, estaba profundamente enfadada conmigo misma. Porque no era perfecta, porque después de todos los sacrificios que había hecho para no ser incómoda y no quedarme fuera, seguía sin llegar. Y la vida no paraba de meterse por medio y por mucho que trabajara, por poco que comiera y por mucha mierda que aguantara, seguía sin ser feliz.

Vivía cada fallo de expectativas como un fracaso irreparable, y cada vez dolía más la disonancia entre lo que yo creía que la vida tenía que ser y lo que era.

Interpretaba cada pequeña o gran cosa que pasaba en mi vida desde el miedo, reprimía la expresión natural de mis emociones y las procesaba en sentimientos repetitivos, dolorosos y asfixiantes.

Meditar y respirar de forma consciente me ayudaba mucho a mantener la perspectiva de que yo era mucho más que esa voz iracunda y amargada y que por eso vivía en mí el poder innato de controlarla. Pero, aunque ser consciente de mi poder me daba, de alguna forma, esperanza, sentada en mi esterilla con las piernas cruzadas no estaba logrando accionarlo, y la estrategia de seguir profundizando hasta disolver cualquier distorsión de mi calma se me antojaba demasiado lenta y, quizá, una forma de evasión enmascarada.

Ahora que era consciente de mi dieta diaria de sentimientos y de lo lejos que estaba realmente de cómo aspiraba a sentirme cada día, decidí pasar de la contemplación a la acción y hacer una de las cosas más difíciles que he hecho en mi vida.

La furia estaba la primera en mi lista de sentimientos diarios. Se había convertido en mi estado basal y sus raíces eran tan profundas que las horas de meditación solo me daban la perspectiva de hasta dónde estaban llegando. Porque mientras siguiera dándole a mi padre toda la responsabilidad de las secuelas que arrastraba de los sórdidos lugares en los que le había estado buscando, me estaba privando a mí misma del poder de borrar la furia de la lista de lo que sentía a diario.

Mientras que yo fuera la víctima, no podía acceder al

potencial de crear una realidad en la que ese dolor ya no fuera necesario.

Y un día me cansé. Había estado estudiando los efectos transformadores que tiene el perdón en nuestra neurobiología y comprendí que cualquier cosa que él hubiera podido hacerme, o que yo me hubiera dejado hacer para paliarlo, era insignificante comparada con el desgarro físico y psicológico que me habían causado todos y cada uno de los más de cinco mil días que llevaba viviendo ahogada en la furia continua por su rechazo.

Así que harta, y desde una fuerza que no sabía que tenía, respiré muy profundamente y marqué, sin pensarlo mucho, su número de teléfono. Fue la primera vez que escuché su voz en más de diez años. Y en un instante fui otra vez niña y él, de pronto, padre, y aún incómodos y a trompicones empezamos a construir ese mismo día una relación totalmente nueva, sin rencor y sin recelo, que hoy es una fuente inesperada de profundos momentos de amor y alegría.

Con él, el perdón fue el primer paso para crear juntos algo nuevo, pero para que el perdón nos libere no es necesario, ni siquiera, que involucre a quien nos causó el daño.

Perdonar es llegar al punto de ser capaz de recordar algo sin que duela. Perdonar no exige recuperar nada o empezar de cero. Se puede perdonar sin llamar, sin hablar, sin que la otra persona sepa ni siquiera que lo has hecho. El perdón es un ejercicio privado de soltar amarras, y el único requisito para que funcione es reconocer que la responsabilidad de cómo sentimos lo que nos pasa es solo nuestra y nuestro es también el poder de mirar nuestra vida de frente y transformarla.

El perdón, como la gratitud y el amor, son emociones antídoto. Son emociones que cuando las integramos intencionadamente en nuestra forma de pensar terminamos por contaminar con ellas nuestros patrones de pensamiento y cambiar gradualmente nuestra dieta diaria de sentimientos.

EJERCICIO PRÁCTICO
Dieta de sentimientos

FASE 1

El ejercicio de proponerse una lista de tres cosas para sentir cada día puede ser, como has visto, el detonante de transformaciones duras pero muy positivas.

Respira profundamente y con los ojos cerrados piensa en tres sentimientos que te gustaría experimentar cada día.

Anótalos aquí:

1. ....

2. ....

3. ....

Durante las próximas veinticuatro horas intenta ser consciente de tus sentimientos. Monitorízalos sin juzgar, observando si aparecen alguno o todos los que has apuntado en la lista y con cuánta frecuencia e intensidad lo han hecho.

FASE 2

Después de haber pasado los últimos días, u horas, siendo consciente de tus sentimientos, intenta poner por escrito, y más o menos en orden de protagonismo, cuáles son los que has identificado.

....

....

....

....

....

....

....

....

....

....

....

....

....

FASE 3

Ahora ha llegado el momento de pasar a la acción. De tu dieta de sentimientos identifica cuál es el más corrosivo, el más paralizante, ese que es capaz de empañar los buenos momentos y de hacer los complicados aún más insoportables.

Quizá, como fue mi caso, puedas inmediatamente ponerle nombre, cara y responsable y que, por muy desagradable o terrorífica que sea, te venga a la cabeza la manera de pasar a la acción para neutralizarlo y quitarle para siempre el poder de controlarte.

O puede que sea un sentimiento más difuso, como un malestar generalizado sin motivo ni solución definidos. Cuando esto pasa, funciona a veces muy bien intentar liberarlo por escrito. Describirlo, explicarle cómo te hace sentir y dejándole claro que ahora que tú decides de forma consciente lo que sientes, has dejado de necesitarlo.

Tanto si el sentimiento es anónimo o tiene nombre y apellidos, utiliza este espacio para decretar tu recuperado poder de elegir en qué sentimientos vas a empezar a transformar tus emociones a partir de ahora.

¿Quieres tener acceso a la colección de respiraciones y meditaciones guiadas de la plataforma digital de Vivir Notox?

¡Sube una foto del libro a tus redes sociales, etiquétanos, y te enviaremos un mensaje con tus claves de acceso!

- @Izanami.es
- The Notox Life
- @IzanamiMg
- Izanami.

EL PODER

¿A quién le importa lo que yo haga?
¿A quién le importa lo que yo diga?
Yo soy así
y así seguiré.

Alaska y Nacho Canut

PODER

Del lat. vulg. *potēre*, creado sobre ciertas formas del verbo lat. *posse* «poder[1]», como *potes* «puedes», *potĕram* «podía», *potuisti* «pudiste», etc.

1. tr. Tener expedita la facultad o potencia de hacer algo.

2. tr. Tener facilidad, tiempo o lugar de hacer algo. U. m. con neg.

poder[2]

1. m. Dominio, imperio, facultad y jurisdicción que alguien tiene para mandar o ejecutar algo.

2. m. Gobierno de algunas comunidades políticas.

3. m. Acto o instrumento en que consta la facultad que alguien da a otra persona para que en lugar suyo y representándolo pueda ejecutar algo. U. m. en pl.

4. m. Posesión actual o tenencia de algo. *Los autos están en poder del relator.*

5. m. Fuerza, vigor, capacidad, posibilidad, poderío.

6. m. Suprema potestad rectora y coactiva del Estado.

Tenía que haber cambiado de año en la Puerta del Sol. Mi primo y yo llevábamos semanas planeándolo; dónde aparcaría el coche, desde dónde tomaríamos el metro y a la discoteca a la que iríamos después de tomar las uvas.

Cuando aterricé de Estados Unidos, un par de días antes, me encontré con un vestido que me apretaba demasiado y con la prohibición, en nombre de la prudencia, de recibir al 2002 como había planeado.

La alternativa forzosa fueron unos insulsos pantalones negros y, después de tomar las uvas en casa, ir a jugar a los dardos y al billar al único bar del pueblo que estaba abierto.

Allí, coincidimos con unos conocidos de mi hermana y, a las pocas horas, frustrada y hastiada, decidí volver a casa. La casa de mi tía estaba a las afueras del pueblo y uno de los chicos se ofreció a acompañarme para que no me pasara nada.

A mitad del camino, en un rincón oscuro, me acorraló y me metió la mano en las bragas. Para hacer que parara, para que no me hiciera nada, le di un beso y le dije que estaba muy cansada y que me iba ya, que seguíamos mañana, y eché a correr por el camino de tierra en cuanto me dio la espalda.

*Una semana después recibimos una llamada: a mi tía
habían dejado de saludarla en la carnicería. Los vecinos
hablaban a sus espaldas y ella estaba muerta de vergüenza porque su sobrina había calentado a un chico
del pueblo y ahora no le devolvía las llamadas. Y es que
estas chicas de ciudad son unas frescas y, la verdad sea
dicha, un poco guarras.*

Hasta hace muy poco, he vivido mi sexualidad como
algo que estaba mejor amordazado e inmovilizado con
una buena camisa de fuerza, porque cada vez que la
confianza en alguien o la inhibición que dan un par
de copas la liberaban, lo único que conseguía era meterme en líos.

Y aunque la noche de verano que me violaron lo único que había hecho había sido bailar, sonreír y seguirle
confiada hasta donde se amarran los barcos, y aquel
fin de año, ya escarmentada, lo único que hice fue utilizar toda mi capacidad de seducción para poder volver
a casa intacta, estaba claro que la causa de la vergüenza había sido en ambos casos que era un poco guarra.

A ver a quién se le ocurre si no bailar moviendo la
cadera tanto, o mirar a los ojos, o sonreír o llevar una
falda tan corta. Había algo sucio y salvaje dentro de
mí que cuando se asomaba, alejaba muchísimo a las
demás mujeres y a todo lo que se quedaba cerca, lo
calentaba. Y me he pasado más de la mitad de mi vida
reprimiéndolo y utilizándolo solo cuando lo necesitaba para que no me dejaran, para ser mejor que las que
vinieron antes o para sentirme validada.

Cuando, después de años intentando entrar en moldes, en mi propia revolución por la libertad conseguí
volver a escucharme y empecé a recordar quién era,

me di cuenta de que la sexualidad no era la única poderosa y extraordinaria parte de mí que tenía completamente amordazada.

Por miedo, había difuminado por completo todo lo que me hacía única y, reducida a la versión más anodina de mí misma, estaba pasando por la vida sin vivirla, vaciándome cada vez más por dentro. Pero ese vacío que intentaba llenar con placeres y que exacerbaba al cronificar el miedo, con lo único que podía llenarse era con todas esas increíbles partes de mí que tenía silenciadas.

Ese dolor sordo y crónico que unas veces me dormía en ansiedad los brazos y otras me dejaba tirada llorando en la cama nacía de negarme, y en vez de anestesiarlo temporalmente con ansiolíticos o copas de vino, tenía la capacidad innata de hacerlo desaparecer solo con reencontrarme.

Pero ese camino hacia dentro, que intuía en algunas meditaciones y que me estaba pidiendo a gritos mi cuerpo, exigía que, ahora que era consciente de sus efectos biológicos y mentales, me deshiciera del miedo.

Porque solo dueña de nuevo de la línea editorial de mi *reality*, solo desde el lugar desde el que estaba dejando de reaccionar según patrones para empezar a accionar mi vida conscientemente, estaba en la posición de liberar y disfrutar, de una vez por todas, de mi poder.

EL PORQUÉ
HUMANO

1. LA FELICIDAD

De mi relación con el placer aprendí que buscar en él la felicidad es condenarse a entrar en una espiral de insatisfacción permanente.

Entender el porqué evolutivo de las emociones me dio la perspectiva necesaria para comprender que la felicidad no se alcanza reprimiendo ni evitando nada, que no podemos pretender «estar bien» todo el rato porque el conflicto y las experiencias emocionales negativas son una parte inevitable y necesaria de la vida.

Pero cuando empecé a comprender el funcionamiento de nuestra mente, cómo nuestro cerebro se cree todo lo que piensa y, si lo dejamos en piloto automático, automatiza patrones que definen en qué sentimientos convertir las emociones, supe que era precisamente en el entrenamiento de mi pensamiento donde iba a encontrar la clave para crear una realidad interna mucho más feliz que la que estaba viviendo.

Practicando la respiración consciente, estando presente y meditando, había rescatado del zulo en el que había estado secuestrada a la directora y estaba a punto de reescribir los guiones con los que el realizador había estado editando mi *reality*.

Porque a lo mejor eran las audiencias, pero mi realizador le había tomado el gusto al *thriller* y al drama, y cada episodio de mi vida lo vivía con angustia y frustración a partes iguales.

Estos patrones de pensamiento automáticos que vamos adquiriendo a lo largo de la vida, o que heredamos epigenéticamente de nuestros ancestros, en cuanto el director se despista, se convierten en el motor silencioso de nuestro comportamiento.

¿Pero cómo terminamos reaccionando en vez de accionando? Cronificando el miedo. Cuando el miedo al dolor nos hace huir hacia delante, entramos en «modo de supervivencia», activamos el piloto automático y desde ahí perdemos acceso al extraordinario potencial humano que esconde la llave a la felicidad.

Porque es la corteza prefrontal la que nos permite dirigir la atención de la mente de forma consciente hacia donde queramos y, con ella, crear los pensamientos que van a determinar la realidad química de nuestro cuerpo.

Entre lo que pasa y lo que pensamos no hay ninguna diferencia, todo son conexiones neuronales que crean imágenes en nuestro cerebro. La realidad es algo muy personal, único, que tenemos la capacidad de crear con un músculo de la atención consciente bien entrenado y un cuerpo libre de nada que cronifique ni exacerbe el «modo de supervivencia».

Aristóteles distinguía entre dos tipos de felicidad, hedonismo y eudaimonia. El hedonismo es la felicidad efímera que nos proporcionan los placeres pasajeros y la eudaimonia la felicidad permanente que viene del desarrollo de la virtud humana y de crear hacia un propósito.

Neuroquímicamente, el hedonismo es la felicidad hormonal que nos produce el placer y que, como ya sabemos, es, por definición, adictiva porque está evolutivamente diseñada para que nos adaptemos rápidamente a lo que tenemos y sigamos así motivados para conseguir más. Así, el hedonismo es lo más parecido a la definición clásica de ese infierno en el que pasaríamos una eternidad condenados a beber sin aplacar la sed, a comer sin saciar el hambre y a dormir sin dejar nunca de tener sueño.

Y mientras que el hedonismo va de serotonina, endorfinas y dopamina, la eudaimonia va de esa extraordinaria capacidad que nos hace humanos: la capacidad de imaginar y crear lo que aún no existe.

Y evolutivamente tiene mucho sentido; si el placer nos incentiva a repetir las conductas que, antes de transformar nuestro ecosistema, eran buenas para nuestra supervivencia y la de la especie, ¿no podría ser la felicidad la motivación perfecta para que sigamos desarrollando la capacidad más brillante que la evolución ha creado?

Como Aristóteles intuía con su eudaimonia y hedonia, y como hoy confirma la ciencia, lo que más felices nos hace y durante más tiempo es poner a trabajar las capacidades más evolucionadas de nuestro cerebro. Imaginar, crear, amar incondicionalmente, tener pensamientos abstractos y materializarlos, y dirigir nuestra atención conscientemente.

Y para todo esto tenemos que trascender lo hormonal, lo animal, lo instintivo, todos esos mecanismos evolutivos que están automatizados en nuestro organismo y que en este nuevo ecosistema son, la mayor parte del tiempo, innecesarios.

Estamos buscando la felicidad a través del placer y

la buscamos también huyendo con miedo de las cosas que nos pueden hacer daño cuando justamente nos está esperando al otro lado del dolor, escondida en nuestro poder más humano.

La felicidad es una decisión consciente, y vivir Notox fue para mí la forma de ejercerla, porque el poder para crear mi realidad estaba justo en las partes de mí que estaba asfixiando y retorciendo para encajar.

LO **TOX**

Las buenas hijas obedecen. Se comen todo lo que hay en el plato. Porque hay muchos niños muriéndose de hambre en África. Las buenas hijas no se despeinan, no se manchan. Se duchan todos los días, para no ser unas guarras.

Las buenas hijas no replican, no contestan, no tienen excusitas para todo. Las buenas hijas no opinan sobre la vida de sus padres ni tienen opinión ni decisión sobre la suya propia.

Las buenas hijas no sonríen cuando se las está regañando, pero tampoco lloran. No miran a los ojos para no ser insolentes ni se quedan mudas para no ser unas maleducadas.

Las buenas hijas no se ríen a carcajadas a la hora de la siesta, no ponen la música alta ni corren ni saltan por los pasillos. Están recogiéndolo todo, todo el rato, para no ser unas desordenadas.

Las buenas hijas sonríen a las visitas y les tocan una canción al piano, sin equivocarse. Les enseñan sus dibujos, sus relatos, sus sobresalientes. Son muy prudentes y nunca dan ningún motivo para que piense mal la gente.

Las buenas hijas no se tocan. No cierran la puerta. No exploran. A las buenas hijas solo les gustan los hombres. Las buenas hijas eligen novios educados, estudiosos, de buena familia, que saluden por teléfono y las devuelvan a las doce a casa.

Las buenas hijas no beben. No fuman. No engordan. Las buenas hijas no montan en moto, dicen siempre dónde van a estar y no se van de casa.

EL PODER

Porque los buenos padres se esfuerzan mucho para ayudarlas a convertirse en buenas mujeres.

Las buenas mujeres son guapas, altas y delgadas, van siempre bien peinadas y llevan las uñas arregladas. No tienen granos, ni pelos de cuello para abajo, las buenas mujeres van siempre perfectas sin tardar mucho en prepararse y sin que les cueste esfuerzo.

Las buenas mujeres no calientan. Las buenas mujeres terminan lo que empiezan y si no, que no hubiesen empezado. Las buenas mujeres se abren cuando se las hace caso. Porque es una insolencia ser una creída, fría y frígida, una estrecha.

Las buenas mujeres son apasionadas en la cama mientras que hacen lo que se les pide. Practican felaciones con los trucos infalibles que aprendieron en sus revistas de adolescentes y gimen con entusiasmo. Las buenas mujeres pueden fingir orgasmos siempre y cuando no se les note.

Las buenas mujeres han aprendido a ser muy ordenadas. Cocinan estupendamente bien y saben dónde está todo en casa. Las buenas mujeres no piden ayuda con las cosas de la casa porque hacen la vida más fácil si la responsabilidad es toda suya.

Las buenas mujeres comparten y son comprensivas cuando lo que han compartido ha sido sin querer a su pareja. Porque las buenas mujeres piensan en los hijos e intentan no ser egoístas e impulsivas.

Las buenas mujeres consiguen curar con su amor incondicional a los hombres dolidos. Porque tienen el superpoder de sanar las heridas de infancias terribles y amortiguar con su alma y con su cuerpo los golpes.

Las buenas mujeres sonríen. Las buenas mujeres no se quejan. Porque las buenas mujeres son buenas per-

sonas. Y las buenas personas ponen siempre las necesidades de los demás por delante. Las buenas personas entienden que no se puede ir por la vida persiguiendo sueños, que tienen obligaciones y responsabilidades que cumplir y mucha gente dependiendo de ellos.

Así que las buenas personas se resignan, para no ser impertinentes, y se amordazan por dentro, para no ponerse primero. Porque priorizarse es egoísta y el egoísmo lleva a la avaricia, a la soledad y al infierno.

Mi viaje en busca de la felicidad había empezado por el placer. Por entender el porqué evolutivo y el cómo biológico de lo que estaba utilizando para llenar el vacío que me estaba abriendo por dentro.

Y entendí que el placer, esa herramienta diseñada para incentivar las conductas buenas para nuestra supervivencia y la de la especie, era ahora el acicate para repetir en espiral comportamientos destructivos.

De darnos placer el orgasmo, la amistad y la comida nutritiva ahora nos dan también placer la validación superficial de extraños, las compras compulsivas y los productos ultraprocesados. Hackean nuestros circuitos cerebrales del placer con sabores de laboratorio y cuidadas interfaces de usuario, con *scrolls* infinitos, azúcares y glutamatos. Con tener mucho de todo siempre disponible a dos clics o a dos pasos.

Este placer exacerbado al máximo en el hackeo intencional de nuestra vía mesolímbica retroalimenta el dolor y hace cada vez más profundo y más negro el vacío. Y así, lo que comemos se convierte en uno de los principales motores de la ansiedad, de la frustración y de la poca autoestima. Cuando dejé de comer productos y empecé a comer comida rompí el ciclo vertiginoso de ir haciéndolo cada vez más grande, pero se quedó ahí, aún vacío y latiendo.

Eran los latidos del miedo. El miedo, esa emoción tan necesaria también para nuestra supervivencia, vive desbocado en nuestro cuerpo. Porque hemos perdido la conexión con lo que somos y hemos dejado en piloto automático la mente, extralimitada en su función de prevenir el peligro y así, poco a poco, el miedo se ha ido apoderando de todas y cada una de nuestras decisiones y emociones, drenando la vitalidad de nuestro cuerpo.

Empecé a meditar para recuperar la consciencia, para apagar el piloto automático. Y cuando por fin pude ver el fondo del lago me encontré, cara a cara, con el dolor del que estaba huyendo.

Estaba huyendo de un dolor crónico, profundo. Un dolor que nace de la disonancia entre lo que creemos que tenemos que ser y lo que creemos que somos y de que ninguna de las dos cosas tiene nada que ver con lo que somos realmente.

Porque yo crecí creyendo que me tenía que esforzar mucho para ser aceptable. Porque lo que yo era en esencia era una versión imperfecta de aquello en lo que me tenía que convertir si quería ser algo en esta vida. Porque siendo quien yo era, no iba a llegar a ningún sitio y cuanto más lo escondiera, más segura estaría y tendría más oportunidades para tener éxito.

1. LA PERFECCIÓN

Queremos lo mejor para nuestros hijos. Nacen tan vulnerables e indefensos, y solo nos tienen a nosotros para protegerlos, para prepararlos para el mundo. Este mundo que duele tanto y que es tan duro y que les va a poner tan difícil alcanzar la felicidad.

Porque, con todos los años que han pasado, nosotros aún la andamos buscando, pero la vida se nos pone por delante cada vez que estamos a punto de abrazarla y nos deja solo rozarla, por un momento, con la punta de los dedos.

Tienen tanto que aprender antes de salir al mundo, porque si no, el mundo se los va a llevar por delante. Y puede que muchas de las cosas no les gusten, pero tienen que entender que en esta vida no se puede tener todo, que hay ciertas normas y hay que cumplirlas, que las normas no las ponemos nosotros, pero que es lo que hay, que la vida es dura y que ya cuando sean padres lo entenderán…

Yo, cuando fui madre, empecé a entenderlo. Era en esos momentos en los que el agotamiento me drenaba cuando, sin que pudiera hacer nada para frenarla, salía la voz: «Ya está bien. Ahora no. ¿No ves que estoy descansando? No es hora de reírse tanto. Estate quieto». Y sus ojos abofeteados de incredulidad y tristeza me arrastraban cada vez al dolor de los míos hace treinta años.

Cuando fui madre lo entendí. Por mucho que duela, por muy dura que sea, todos tenemos la idea de cómo tienen que ser un buen hijo, una buena hija, un buen hombre, una buena mujer y una buena persona, y por amor estrujamos a nuestros hijos lo que sea necesario hasta que encajen en ese molde.

Y los vemos retorcerse, asfixiarse y amordazarse, pero apretamos los labios y seguimos, porque queremos lo mejor para ellos, porque es mejor que sufran ahora un poco a que la vida los destroce. Porque no se puede salir al mundo siendo uno mismo, así tan diferente y tan raro, y de esta manera, perpetuamos generación tras generación la idea de que el secreto de la felicidad está en hacer todo lo posible por alcanzar la idea heredada de perfección.

Y, como somos buenos padres, para ayudarles a alcanzarla tratamos la expresión de su esencia como errores que corregir, errores que castigar, y grito a grito, castigo a castigo, los convencemos de que tal y como son ellos, no son ni apropiados ni suficientes.

Y así, una vez que aprendemos que somos imperfectos, que necesitamos ser moldeados y acomodados a un personaje correcto, quedamos a merced de moldeamientos posteriores y salimos al mundo agrietados, buscando la siguiente referencia a la que aspirar, la siguiente lección, los siguientes castigos necesarios.

Yo, en cuanto entendí que la vida iba de esforzarse en recortarse por donde uno rebosara y rellenarse donde hiciera falta para caber en el molde, empecé a escudriñar ansiosa qué me sobraba y qué me faltaba para poder quedarme dentro sin que doliera tanto.

Y encontré la respuesta de lo que me sobraba en las risas contenidas y las bromas pesadas de mis compañeros de clase, la respuesta de lo que me faltaba en la exclusión, tan tangible como disimulada. Los profesores me avisaban de mis excesos ridiculizándome por listilla y ponían en evidencia mis faltas, mi incapacidad de ser una más. Las revistas que leía me recordaban los centímetros que le sobraban a mis muslos, y siempre había un artículo que dejaba muy claro la diligencia y predisposición que me faltaban en la cama.

Mis parejas me enseñaron lo que rebosaba de mí con celos y con cuernos donde me quedaba corta, y dejé que todas las personas con las que me cruzaba me fueran diciendo con acciones, desprecios y miradas, quién era. Porque cuando entendí que era imperfecta, salí al mundo abierta a dejarme perfeccionar por casi cualquiera.

Como todo el mundo, en el fondo lo único que yo quería era ser feliz y así, me dejé hacer todo lo que fuera necesario para lograrlo.

Y es que, de alguna manera, hemos asociado la idea de perfección con la felicidad. Hemos asumido que tener la vida y el cuerpo perfectos son el pasaporte infalible para ser felices por fin y nos pasamos la vida amputando y amordazando lo que somos para que, en la comparación continua, nos parezcamos todo lo posible a lo que creemos que es perfecto.

Pero la perfección no es sinónimo de felicidad. Porque si lo fuera, las personas que culturalmente elegimos como referencia de perfección —los que son ricos, guapos y famosos—, serían profundamente felices, tanto, que no tendrían ningún vacío que llenar con sustancias ilegales ni placeres desbocados. Los ricos, guapos y famosos serían naturalmente inmunes al dolor que nace desde dentro y que se viste de ansiedad y depresión, y no habría jamás, entre la gente perfecta, ningún caso de suicidio o violencia.

Pero es que la felicidad no tiene absolutamente nada que ver con la perfección y así lo confirma la ciencia:

a partir de tener las necesidades básicas de seguridad, comodidad y sustento cubiertas, el subidón de felicidad que nos da un aumento de sueldo no dura más de seis meses, el de ganar la lotería, entre uno y tres años. Y lo mismo ocurre con perder peso, con tener mucho poder o un gran reconocimiento, a todos nos hacen sentir mejor durante un periodo más o menos largo de tiempo y a todo nos terminamos finalmente acostumbrando.

Y tiene sentido: el dinero, las cosas materiales, el buen aspecto físico, el reconocimiento social y el poder son instrumentales para nuestra supervivencia y la continuidad de la especie y, por eso, nos dan placer y el placer, como ya sabemos, es por definición fugaz e insuficiente.

Porque llevamos impresa la necesidad de mejorar, de vivir más y más cómodamente, y lo adictivo del placer nos ayuda a conseguirlo empujándonos, motivándonos y haciendo que nos acostumbremos muy rápido a todo lo que tenemos.

Nos aburre nuestra vida y vivimos esperando nuestro gran momento, que primero iba a llegar cuando terminara el instituto, luego cuando nos graduáramos, cuando encontráramos nuestro primer trabajo o cuando consiguiéramos casarnos. El gran momento iba a ser ese ascenso, esa nueva oportunidad, la casa nueva, el coche, el gran viaje, cuando perdiéramos todos esos kilos o cuando encontráramos el amor verdadero. Nuestra vida sería por fin perfecta con el primer hijo, con el segundo, cuando nos jubiláramos o cuando llegara por fin ese primer nieto.

Y cuando los grandes momentos llegan, no son para tanto y nos adaptamos a ellos casi antes de darnos cuenta de que los podríamos estar disfrutando.

Que nos adaptemos rápido a las mejoras de nuestro entorno y queramos siempre más es una de las características que nos ha traído hasta aquí como especie. La adaptación hedónica es necesaria y, como muchas cosas en este nuevo ecosistema, contraproducente.

Porque el sistema económico de esta nueva cultura está basado en la inherente cualidad humana de sentir que necesitamos siempre más, y diseña todos los estímulos que nos rodean para sacarle a esta capacidad adaptativa todo el beneficio posible. Y así, la adaptación hedónica se convierte en otro mecanismo evolutivo exacerbado que nos ancla en el «modo de supervivencia» con el detonante de no tener y no ser suficiente.

Yo no era, ni de lejos, suficiente, y me faltaba aún una larga lista de cosas para poder por fin disfrutar de los resultados de todo lo que había trabajado: me faltaba la fuerza de voluntad para poder entrar en una talla menos y necesitaba, para sentirme por lo menos atractiva, algo de la nueva colección de temporada. Estaba segura de que si conseguía salir en más revistas podría empezar a saborear por fin el éxito y me merecía, como compensación a todo lo que estaba sacrificando, ese bolso de diseño.

Pero cuando salí en *Forbes* ni siquiera sonreí, y viéndome ahí, entre sus páginas, solo pude contener la respiración con la certeza de que algún día todos se darían cuenta de que en el fondo no era más que un fracaso.

Cuando conseguí, por todos los medios, incluidos los peores, entrar en la talla más pequeña que vendían en las tiendas, todavía evitaba las fotos, y frente al espejo me seguía avergonzando mi cuerpo.

Con el armario a reventar, no sabía aún que ponerme
para parecerme, aunque fuera un poquito, a esas rei-
nas del *streetstyle*, y cuando abrí la caja de ese bolso
de diseño, empecé automáticamente a pensar en los
zapatos que necesitaba sí o sí para que el *look* fuera
completo.

Persiguiendo la felicidad en esa meta de una vida
perfecta, corremos todos en la rueda de hámster necesitando siempre más, y comparamos continuamente lo
que nos pasa con lo que nos tendría que estar pasando.

Y así, todas las madres creemos que nuestro hijo es
el que peor duerme, el que peor come y el que más
molesta, y vivimos nuestra imperfección con vergüenza, porque lo estamos comparando con el ideal de hijo
perfecto que pide brócoli para cenar y se va a dormir
solo a las 20:00 de la tarde despertándose feliz y son-
riente doce horas después sin haber tosido siquiera.

Pero todos los niños se despiertan varias veces cada
noche y tienen fases en las que lo que les gustaba ya no
lo comen. Los niños gritan, los niños saltan y los niños
corren. Y es solo esa idea implantada del niño perfecto la que nos impide disfrutar, sin culpabilidad ni vergüenza, del tremendo regalo de crecer con ellos.

Y ahí entra nuestra idea pervertida de la normali-
dad. Porque de alguna manera hemos empezado a
creer que lo perfecto es lo más común estadísticamente
y que si nuestra vida no es así, es porque hay algo que
no estamos haciendo bien y deberíamos avergonzarnos.

Y nos pasa lo mismo con nuestras parejas: creemos
que nuestras relaciones y nuestros matrimonios son
un desastre porque pasan los días y las semanas sin
romanticismo ni grandes gestos. Nos decepcionan las
fechas señaladas y nos saben a poco las vacaciones,

porque han estado bien, no nos quejamos, pero no han sido nada comparadas con las que vemos en películas, redes sociales o con lo que imaginamos que iban a ser al planearlas.

Pero el amor consciente va de otra cosa y como de lo que va no se compra con dinero, nuestra cultura no hace ningún esfuerzo por vendérnoslo y queda así totalmente excluido de lo que nos dicen que es el amor perfecto.

Ni el amor, ni los niños, ni nuestra vida, ni nuestros cuerpos pueden ser perfectos, ni tampoco tienen que serlo. Porque lo perfecto es por definición estándar y homogéneo y lo más extraordinario de cada uno de nosotros es la singularidad con la que hemos sido creados. Aferrados al ideal de lo que tendríamos que llegar a ser para ser por fin felices, vivimos nuestra unicidad y la realidad de nuestra vida como la demostración de lo incompetentes que somos.

Y por eso no la contamos. Porque pesa tanto el ideal, pesa tanto el cumplir las expectativas y el miedo al rechazo, que por temor a que los demás se den cuenta de que no somos tan buenos padres, hijos o personas, no compartimos nuestras experiencias, perpetuando así la ilusión colectiva de que lo perfecto es lo normal y de que no conseguirlo es lo raro.

Y con lo tremendamente interesantes que podríamos ser todos, nos pasamos la vida intentando ser normales.

Y así, seguimos representando el papel. Contamos las historias que solo contarían las buenas personas y no nos atrevemos a compartir todo lo que demuestra que aún no hemos conseguido tener una vida perfecta.

—¿Cómo estás?
—Bien.

—¿Cómo va la empresa?
—Creciendo.

—¿Qué tal en el nuevo trabajo?
—Muy bien, aprendiendo mucho y todo el mundo es
supermajo.

—¿Cómo van los preparativos?
—Todo listo. ¡Muy emocionados!

—¿El viaje de novios?
—Una maravilla, superromántico.

—¿Qué tal el primer mes de casados?
—Pues tan bien como antes, pero con más ilusión.

—¿Qué tal el embarazo?
—¡Feliz! Tuve algo de náuseas al principio, pero ahora
estoy fenomenal.

—¡Enhorabuena! ¿Qué tal la increíble experiencia de
ser mamá?
—Superbién, dormimos poco pero no podemos estar
más contentos.

Cuando cerré mi primera empresa decidí ser vulnerable. Había dolido todo tanto que pensé que si compartiendo con más gente y contar mis errores ayudaba a alguien a evitarlos, no habrían sido en vano. Y así, en un par de entrevistas, me convertí en la *speaker* del fracaso.

Y en escenarios, radios y revistas en los que todo el mundo hablaba de éxito, de crecimiento exponencial y de productos revolucionarios, yo empecé a hablar de miedo, de ataques de ansiedad, insomnio, soledad y de cómo, cuando estaba en la cima, seguía llorando un par de veces a la semana.

Porque los jefes lloran, las modelos se ven gordas, los ricos se aburren y los famosos también se siente solos. Porque todos queremos a nuestros hijos, pero a veces nos gustaría poder pausarlos, y teniendo familias, trabajos y casas perfectas, hay días que no tenemos fuerzas para salir de la cama.

Según la Real Academia Española, «es normal lo habitual o lo ordinario». Y epidemiológicamente, los millones de personas en todo el mundo que para acallar la depresión y la ansiedad necesitamos a veces sustancias o pastillas somos mucho más normales que los unicornios mitológicos a los que aspiramos.

Porque la perfección no es la promesa de la felicidad: la perfección es la causa del dolor, y duele porque a cada paso que damos hacia ella, más atrás vamos dejando a quienes somos. Porque convertirnos en ese ideal de persona requiere necesariamente que nos recortemos, que nos rellenemos, que nos deformemos hasta quedar irreconocibles solo para poder encajar en el molde y cuando lo conseguimos, a pesar del dolor, aguantamos, nos damos cuenta de que para ser por fin felices de verdad hay siempre otro molde aún más incómodo y pequeño al que ajustarse.

A mí, contracturarme en moldes para ser perfecta me arrojó a una cama de urgencias con una vía de ansiolíticos en el brazo y a arrodillarme una y otra vez asqueada de mi cuerpo y de mi debilidad frente a un váter. Negarme a mí misma me llevó a explotar destrozada y radiactiva una y otra vez frente a mis hijos y a ser total y completamente incapaz de disfrutar cuando conseguí por fin una vida que, para otros y desde fuera, podía parecer perfecta.

Y es que buscar la felicidad en la perfección nos condena al averno, porque la búsqueda parte de la base de que el primer requisito para que podamos ser felices de verdad es que tenemos que dejar de ser nosotros mismos.

EJERCICIO PRÁCTICO
Lo conseguido

Vivimos rodeados de promesas de estar un paso más cerca de tener la vida perfecta. Cosas que compramos, experiencias que vivimos, hitos que marcan un antes y un después en los resultados de nuestro esfuerzo por seguir encajando.

Mi primer gran hito creo que fue terminar el infierno del instituto, después vino el de que él siguiera conmigo, que mis padres volvieran a estar juntos, mi gran viaje a la India, irme de casa y empezar de cero. Deseé con todas mis fuerzas terminar carreras, graduarme con honores en másteres, conseguir millones de euros de financiación e internacionalizar cada uno de mis proyectos. Casarme con él, mi primer y mi segundo hijo, más metros cuadrados de casa y perder siempre muchos kilos.

Y ni la sensación de alcanzar cada hito fue tan pletórica como había anticipado, ni las veces que salió mal, fue tan irreparable el daño. Y en ninguno de los casos, sentí haber llegado por fin al lugar en el que la felicidad sería ya mi estado innato.

Te voy a pedir que me lleves en un viaje a tus últimos años. Que pienses en todos esos hitos que esperaste con ilusión y quizá también con impaciencia. Que recuerdes las expectativas de felicidad, la seguridad inamovible de que cuando ese momento llegara, todo, por fin, sería perfecto y que escribas aquí el año que los alcanzaste y una sola palabra que describa lo que sentiste realmente un par de meses después de conseguirlo.

PASO 1

Sensación ....

Año ....

Hito ....

Sensación ....

Año ....

Hito ....

Sensación ....

Año ....

Hito ....

Sensación ....

Año ....

Hito ....

Sensación ....

Año ....

Hito ....

Sensación ....

Año ....

Hito ....

Sensación ....

Año ....

Hito ....

Sensación ....

Año ....

Hito ....

Sensación ....

Año ....

Hito ....

Sensación ....

Año ....

Hito ....

Sensación ....

Año ....

Hito ....

Sensación ....

Año ....

Hito ....

PASO 2

Ahora, vamos a mirar hacia delante. Piensa en los cinco próximos hitos que estás esperando para que por fin todo cambie y busca también la palabra que describa cómo crees que te vas a sentir cuando los alcances.

Hito ....

....

Sensación ....

....

Hito ....

....

Sensación ....

....

Hito ....

....

Sensación ....

....

Hito ....

....

Sensación ....

....

Hito ....

....

Sensación ....

....

2. LA CREENCIA

La mujer y el hombre perfectos tienen un color de piel, una orientación sexual y un número de ceros en la cuenta del banco determinados. Hablan, visten y se relacionan de una manera específica y trabajan o no, en una limitada lista de ocupaciones decentes. La mujer y el hombre perfectos varían con matices de cultura a cultura, de generación a generación, pero tienden, en general, a ser lo más blancos, heterosexuales y ricos posible.

Lo que es perfecto varía también de familia a familia. Para algunas lo ideal es estudiar Medicina y para otras, trabajar en el campo. Tener muchos hijos o ninguno, llevar una vida discreta o despampanante, tener mucho, tener poco, ser ateo o irreverente o religioso practicante.

Porque varía también de familia a familia, de tribu a tribu, la creencia de lo que es posible, y para evitar la decepción, convertimos lo posible en lo deseable y lo deseable en lo único que puede ser aceptable.

Y es que, durante cientos de miles de años, hemos evolucionado para ser tribales, para ensalzar nuestro modo de vida y para despreciar las costumbres ajenas. Por supervivencia, hemos evolucionado para no identificarnos con los extraños, para odiar a nuestros enemigos, ignorar a quien no conocemos y desconfiar de quien no se nos parece.

Por eso, de la misma manera en que hemos evolucionado para ser empáticos, indulgentes y compasivos con los que nos rodean y así asegurar la cohesión y productividad de nuestra tribu, hemos evolucionado también para temer y prevenir las interacciones con tribus extrañas. Y es la misma oxitocina que nos une a los que tenemos más cerca, la que nos hace mirar a los que están lejos con desconfianza.

Y de este modo, hay tantos moldes como tribus y tantas únicas maneras de ser felices como creencias de lo que es posible, deseable y aceptado.

Yo, por ejemplo, crecí con la creencia de que el dinero se consigue trabajando, que cuantas más horas se trabaja, más dinero se gana. Que el dinero es el premio al duro esfuerzo y que el dinero que se consigue sin sudar no es honrado.

Para mí, la dignidad estaba en trabajar muchas horas para poder comprarme algún día un coche, hacer un viaje al año y poder apuntar a mis hijos a clases particulares. Esforzarme al máximo para tener la casa más grande y bonita de mi zona, pero todo dentro del sentido común y del realismo responsable.

Porque los de la clase media crecemos mirando con desconfianza a los ricos y con altivez a los pobres.

A los ricos porque si tienen tanto dinero será porque lo han robado, porque no pagan sus impuestos o porque lo han heredado. A los pobres porque si no tienen es porque no trabajan, porque son unos vagos, porque prefieren fingir enfermedades para vivir de prestaciones sociales a levantarse todas las mañanas temprano.

Y así se cimentan la pertenencia de clase y las creencias limitantes que definen el molde en el que tenemos que encajarnos para ser aceptables.

Tenemos creencias sobre la cantidad de dinero que es digno y decente poseer, y tenemos creencias específicas que limitan a partir de dónde puede empezar esa felicidad que existe única y exclusivamente dentro del molde. Y todas esas creencias son las que limitan por completo la visión que tenemos de lo que es posible y deseable.

Yo crecí con la creencia de que era mucho más inteligente que guapa, que tenía la responsabilidad de conseguir reconocimiento internacional por ser intelectualmente brillante y de que, para eso, preocuparme por mi aspecto físico no era más que una distracción machista y denigrante.

Crecí creyendo que la sexualidad era algo sucio con un fin práctico y la sensualidad la cosificación del cuerpo para usarlo como reclamo barato en campañas de *marketing*. Que ninguna mujer respetable e inteligente necesitaba andar por la vida poniendo morritos, contoneando caderas ni intentando ser sugerente para nadie. Así que, en mi primer molde, la felicidad solo vivía dentro de los límites de una austeridad económica, física y sexual en la que lo bello y abundante solo podía expresarse y existir en lo cultural y en el arte.

Quizá, leer las creencias que han limitado mi vida durante muchos años te ha producido sorpresa, indignación o incluso ofensa porque, muy probablemente, las tuyas sean algo diferentes o completamente opuestas. Y es que cualquier molde y todas las creencias que lo delimitan son necesariamente constructos culturales y por lo tanto completamente inciertos.

Hay un concepto antropológico apasionante: el etnocentrismo. El etnocentrismo es un sesgo cognitivo que nos hace interpretar nuestra realidad y la realidad de nuestra cultura como lo normal, como la verdad absoluta, haciendo que desconfiemos y menospreciemos todo lo demás. Y así, muchas de las cosas que consideramos normales son estadísticamente irrelevantes e históricamente anecdóticas.

Y es que los límites de todo lo que hemos crecido creyendo que es posible son necesariamente inexistentes. Porque cuando dejamos por un momento de ser tribales, damos un paso atrás y tomamos la perspectiva humana, nos damos cuenta de que absolutamente todo ha sido, es y será posible. Que es justo ahí, en esa capacidad de crear con la que hemos transformado nuestra realidad exponencialmente, donde está la invalidación total de cualquier límite.

Porque todo lo que hoy existe fue durante años, décadas y siglos algo imposible, todo lo que hoy son soluciones, antes fueron locuras y quienes las propusieron, dementes. Porque la única forma de crear una nueva realidad es reconociendo que las posibilidades son, por definición, ilimitadas.

Pero las creencias limitan nuestra realidad y el potencial que tenemos de crearla. Y es la anulación de esta capacidad extraordinaria que tenemos todos y cada uno de nosotros la causa última e inevitable del dolor.

Yo, durante mucho tiempo, pensé que el problema era el molde. Que quizá estaba intentando encajar donde no me correspondía y que, si seguía buscando, terminaría por encontrar un lugar en el que ser perfecta no me costara tanto.

Y en una frenética huida hacia delante, me lancé a ir probando, cambiando de vida, de tribu, de imagen, con la esperanza de encontrar un molde en el que encajar no doliese tanto. Y así, la modosita estudiosa que bailaba danza clásica, tocaba el piano cada día, iba a clases de inglés y montaba a caballo, se lanzó a vivir casi tantas vidas como las de esa maravillosa canción de Sabina.

Y en la noche fui gogó, camarera y empresaria. Fui

hambrienta comercial de una turbia empresa pirami-
dal y activista de los derechos de gais, transexuales y
lesbianas. Fui flamenca de hogueras en barriles, pal-
mas y sillas plegables y también pasé tardes interminables escuchando *heavy metal*, hablando de vampiros,
hobbits, elfos y superhéroes mutantes.

Mi casa ha sido el lugar de reunión de prostitutas y
traficantes, de fiestas de *rock* español con hijos de mi-
litares y de catárticas sesiones de meditación grupales.
Y he pasado de una vida a otra sin dejar supervivientes,
cortando todas las amarras y con la terrible sensación
de que por mucho que me esforzara, no iba a encontrar ningún molde en el que pudiera encajar.

Convencida de que la única manera en la que iba
a lograr ser feliz era perfeccionándome lo suficiente
como para encajar, vivía cada vez más asustada de quedarme fuera y, a la vez, más hastiada. Porque la perfección era injusta, no se dejaba alcanzar jamás y nunca
dejaba de doler buscarla.

Cuando los ataques de ansiedad me reventaron el
cuerpo y volví a la meditación para intentar recuperar
el control de esa mente ejecutiva desbocada, reconec-
té, en un transformador y maravilloso efecto colateral,
con la voz más profunda de mi consciencia.

Y es que cuando el miedo activa el modo de lucha o
huida, la mente ejecutiva toma el control. Es una estrategia superefectiva, porque cuando nuestra vida corre
peligro, necesitamos poner al mando a quien tenga las
respuestas validadas y automatizadas de cómo reaccionar. Cuando integramos el miedo en nuestro proceso de toma de decisiones y cronificamos el modo de
supervivencia, la mente ejecutiva, como buen dictador
absolutista, toma el monopolio de la comunicación in-

terna, silencia cualquier información alternativa y dejamos de escucharnos.

Cuando empecé a entrenar el músculo de la atención estando más presente en lo que hacía, respirando de forma consciente cuando sentía que se me iban las cosas de las manos y meditando cinco o diez minutos cada día, fui creando momentos en los que salía del modo de supervivencia y ahí, se empezaron a crear espacios para que, todo lo que amordazaba el miedo, volviera a regular su forma natural de comunicación innata.

Y la voz profunda de mi consciencia, esa que desde el exilio lo único que había podido hacer había sido iniciar una violenta revuelta en mi cuerpo para intentar restaurar la democracia, volvió, poco a poco, a recuperar su sitio.

En la ducha, paseando, cocinando, los días que conducía tranquila, sin atascos, y cada vez que me acurrucaba junto a mis hijos hasta que se quedaban dormidos, ascendía, desde lo más profundo de mi vientre, para recordarme las partes de mí que aún seguían asfixiadas y deformes.

Y gracias a ella entendí por qué no encajaba en ningún molde, por qué dolía tanto intentarlo; porque al crear los espacios para volver a escucharme y, por fin, tomarme en serio, empecé a recordar quien era. Y yo no era nada de aquello en lo que había estado intentando convertirme.

Somos por definición únicos. Todos y cada uno de nosotros nacemos con una extraordinaria configuración y un potencial de creación para ser desarrollado, y cualquier molde es necesariamente antagonista de nuestra unicidad y nos fuerza a amputarnos. Cualquier molde, aunque venga lleno de promesas de éxito si conseguimos encajarnos, neutraliza todo ese potencial innato con el que nacemos y nos deja sin la posibilidad de desarrollarlo.

Porque para desarrollar nuestras capacidades, primero tenemos que reconocerlas y luego celebrarlas sin miedo al rechazo ni vergüenza. Todo ese potencial, que empezó a desarrollarse hace unos 70.000 años en nuestro recién estrenado neocórtex y que nos ha llevado a ser la única especie capaz de crear lo inexistente, está expresado de una forma única y llena de propósito en cada uno de nosotros, y es usándolo como alcanzamos lo que Aristóteles llamaba eudaimonia, la felicidad permanente.

Porque la felicidad no se persigue difuminando quienes somos para alcanzar perfecciones ajenas, la felicidad nos está esperando al otro lado del dolor que nos desgarra cuando dejamos de ser quienes somos. Y el primer paso para desbloquearla es reconocer quién, de todo a lo que reaccionamos, anhelamos y perseguimos, no somos.

EJERCICIO PRÁCTICO
Lo que crees

El ejercicio de poner por escrito quién crees que tienes que ser es, en mi experiencia, complejo y a la vez muy revelador. Resulta mucho más sencillo hacerlo en tercera persona y pensar en cómo sería el cuerpo, la personalidad, el trabajo, la familia y el día a día de la persona más decente y más admirable en la que nos podríamos convertir, siendo realistas.

Vamos a describir a esa persona en la que nos esforzamos cada día por convertirnos, en todas las cualidades físicas, materiales, y también personales, que procuramos alcanzar. Seguro que mientras piensas y escribes te vienen a la mente referentes, personas que han sido o siguen siendo una gran inspiración y a las que tienes mucho en mente. Nombrarlas durante el ejercicio ayuda también a hacerlas presentes.

Si el espacio que hay en el libro se te queda corto, puedes extenderte en un papel o en un cuaderno, pero lo importante es que cuando hayas terminado sientas que todo lo que crees que tienes que llegar a ser haya quedado bien expresado.

Mientras lo escribes, o lo dibujas o lo expresas de la manera que te resulte más natural, obsérvate. ¿Qué te hace sentir cada objetivo? Lo hayas alcanzando o no, ¿cómo te habla de él tu cuerpo o tu voz más profunda, si es que aún la sigues escuchando?

Muchos de ellos te causarán un merecido orgullo, pero otros igual te revuelven, te impacientan o incluso te empujan a dejar de hacer el ejercicio por completo.

Y así, desde su absolutismo, se habrán delatado como las creencias que más dolor te están causando.

PRÁCTICA:

EL CUERPO
La persona que crees que tienes que llegar a ser tiene esta descripción física:

Peso...

Pelo ....

Piel ....

Capacidad física (fuerza, resistencia, flexibilidad)........

....

....

....

Salud ....

....

....

....

....

EL TRABAJO

La persona que crees que tienes que llegar a ser es la mejor en su trabajo y ha conseguido los siguientes méritos:

Salario ....

Posición ....

Objetivos ....

....

....

....

LA PAREJA

La persona que crees que tienes que llegar a ser ha conseguido tener este tipo de relación con este tipo de persona:

Relación ....

....

Persona ....

....

....

LA FAMILIA
Así es la familia de la persona que crees que tienes que ser:

Número de hijos ....

Relación con los familiares ....

....

....

....

....

....

....

....

LA PERSONALIDAD
La persona que crees que tienes que llegar a ser tiene estas cualidades:

Tiene más *paciencia* ....

....

....

....

....

....

....

....

....

Controla mejor ....

....

....

....

....

....

....

....

....

Se esfuerza más en ....

....

....

....

....

....

....

No se deja llevar por ....

....

....

....

....

....

....

3. LA IMAGEN

Eres un desastre.
Siempre estás igual.
Estás tonta.
Mírate qué piernas, das asco.
Vaya mierda de fuerza de voluntad.
Normal que no te soporte nadie.
Esto te ha pasado por vaga.
¿No eras tan lista?
Se están riendo a tu espalda.
Siempre llegas tarde.
Siempre vas a estar sola.
Siempre siempre la cagas.

No podría decirle a nadie cosas así a la cara. Pero yo me hablaba así, todo el rato, cada día, y con todo lo que me decía marcaba los límites de lo que me creía capaz y de cómo merecía que me trataran. Porque las palabras son tremendamente poderosas.

Esas creencias de lo que tenemos que llegar a ser y las creencias de lo que somos se construyen y se expresan con palabras. Al principio, estas palabras vienen todas de fuera. Con ellas, los que más nos quieren empiezan a darnos la forma que creen que necesitamos tener para sobrevivir en el mundo; más tarde, los que nos rodean las usan para intentar convertirnos en lo que ellos necesitan que seamos para rellenar uno a uno sus agujeros.

Y, poco a poco, en un lento proceso de cronificación del miedo y de desconexión con lo que somos, lo que nos dicen se va convirtiendo en el lenguaje con el que nuestra mente ejecutiva nos habla, y cuando lo de dentro y lo de fuera se igualan, lo asumimos como verdad absoluta y construimos con ello nuestra identidad y el sistema de creencias que limita lo que es posible o no para nosotros.

Porque lo que creemos que somos es algo que, en un gran porcentaje, nos viene dado. Nada más llegar al mundo, los que nos rodean activan la útil tendencia humana de categorizar lo que tienen alrededor y, apenas empezamos a mostrar algo de personalidad, nos empiezan a caer las etiquetas: el tranquilo, el espabilado, el terremoto, el obediente, el bueno, el malo, el insoportable, el blandengue. Y así, casi sin darnos cuenta, lo primero de nuestra unicidad que asomó la cabeza, pasó por el filtro de lo que los que nos rodeaban necesitaban para reforzar su propia identidad, y se convirtió en la primera de mil etiquetas. Y a la vez que nuestro entorno nos va enseñando el molde en el que vamos a tener que encajarnos, nos va poniendo las etiquetas, que nos dicen por dónde sobramos y por dónde faltamos.

Pero lo hacen porque nos quieren, ¿no? Lo hacen por ayudarnos, porque ellos saben lo que es mejor que seamos, por nuestro bien, para cuidarnos y para darnos todas las herramientas para conseguir, algún día, ser felices y perfectos. Y así, no solo salimos al mundo asumiendo que somos profundamente imperfectos, salimos al mundo haciendo nuestra la tarea diaria de recordárnoslo.

A lo largo de mi vida me han desgarrado con palabras muchísimas veces: en recreos, en reuniones, en comidas familiares o en la cama, pero ninguna de las personas que en un momento dado me utilizaron como pared en la que estrellar los platos de sus frustraciones, llegó jamás al nivel de desprecio y violencia con la que yo me hablaba casi a diario.

En esa carrera continua hacia la perfección, era lo que me decía a mí misma lo que me mantenía en pie cuando mi cuerpo se rebelaba. Cuanto más aumentaba la presión académica o profesional, más recrudecía el tono, como si así fuera a conseguir mejores resultados. Y me machacaba, nunca había tiempo para el duelo, no había tiempo ni lugar para las lágrimas; después de cada tropiezo, de cada ruptura, de cada cierre, me levantaba casi antes de haber rozado el suelo y activaba mi eficiente modo de resolución de problemas sin tan siquiera preguntarme cómo estaba. Porque no dejaba para mí misma ni un ápice de la compasión, la empatía y las técnicas de liderazgo positivo que tanto practicaba y predicaba.

Aun conociendo la neurociencia que hay detrás de la motivación positiva y aun habiendo visto sus resultados una y otra vez en mis equipos, nunca se me había ocurrido usar conmigo misma esa estrategia, y mientras lideraba a personas desde el respeto, la responsabilidad y el fomento de los errores como herramienta de aprendizaje continuo, a mí me lideraba desde el miedo, el castigo y el desprecio.

Lo que nos decimos, igual que cualquier otro pensamiento, tiene su consecuente reacción química en el cerebro y desencadena la reacción física correspondiente y es que, solo porque seamos nosotros mismos los que nos lo estemos diciendo, no por ello duele o enferma menos.

Pero no solo el impacto es físico, lo que nos decimos

termina por transformar la creencia de lo que somos hasta que adquiere su propia identidad y suplanta la nuestra. Y así, ni lo que creemos que tenemos que llegar a ser ni lo que creemos que somos se basan en la verdad única y extraordinaria que venimos a expresar.

Porque la imagen que los demás tienen de nosotros no define nuestra realidad. Define nuestros límites.

Siempre me pareció fascinante el efecto placebo. Aunque la palabra viene directamente del latín, los primeros registros escritos de su existencia datan del siglo XVIII y, desde entonces, ha sido una de las demostraciones más consistentes del poder de nuestra mente de crear lo que cree y de convertir pensamientos en realidades observables y cuantificables. Muy común en los estudios científicos de efectividad de nuevos fármacos, es capaz de lograr que una pastilla de azúcar, una infusión o una simulación de intervención quirúrgica, produzcan en el organismo los mismos efectos paliativos o curativos que el medicamento, el jarabe o la cirugía que se esté poniendo a prueba solo mediante el poder de sugestión que le produce a una persona formar parte del experimento.

Y así, cuando en los ensayos clínicos dividen en dos al grupo de sujetos y le dan a una mitad el medicamento real y a la otra mitad el placebo, no solo mejora el estado de salud de los que recibieron la medicina, algunos de los que tomaron el placebo mejoran también solo porque su mente creyó que iban a hacerlo.

Las implicaciones que tiene nuestro poder de crear lo que creemos son ilimitadas y la más pura esencia de lo que nos hace humanos. Porque igual que el simple hecho de creer que una pastilla de azúcar puede curarnos, creer que algo es posible puede crearlo. Y esto es, antropológicamente, muy poco esotérico; nuestra capacidad de crear va mucho más allá del efecto placebo, está materializada en la ropa que llevamos, los lugares en los que vivimos y la tecnología y los productos que utilizamos a diario.

Nuestra capacidad de crear se manifiesta en todos los sueños y proyectos que la humanidad ha conseguido y en todas las circunstancias que a diario elegimos conscientemente cómo vivir.

Y es que la realidad es algo interno. Porque al final, para nuestro cerebro, tanto lo que pasa fuera como lo que pasa dentro se reduce a interacciones neuronales, y lo que es nuestra realidad la creamos eligiendo con qué nos quedamos de cuarenta millones de estímulos simultáneos.

Y la realidad de lo que creemos posible y por tanto intentamos, se crea con lo que nos decimos.

Cuando empecé a escuchar lo que me decía de forma consciente, me di cuenta de que mi realidad reflejaba exactamente la imagen que tenía de mí misma y la vida que yo creía que merecía y que era objetivamente posible.

Al escucharme empecé a entender que el dolor, ese que llevaba años intentado anestesiar con placeres exacerbados, ese del que no era siquiera consciente al vivir con el modo de supervivencia activado, nacía de que ni lo que creía que tenía que ser ni lo que creía que era tenían nada que ver con mi esencia. Y me costó terriblemente reconocer que nadie, absolutamente nadie, era culpable de que me doliera. Porque, al final, la responsabilidad de lo que nos decimos es solo nuestra. No podemos ni debemos esperar que el amor y el reconocimiento que necesitamos para recuperarnos venga de fuera.

Y es que son pocas, poquísimas, las personas que huelen lo que queda de nuestra esencia y nos quieren por eso. Son muy pocas las personas que miran a los demás quitándose las lentillas de sus propias creencias limitantes y que no buscan en el que tienen enfrente a alguien con quien perpetuar la imagen, también falsa, de lo que creen ser ellos. Se pueden contar con los dedos de una mano las personas que conocemos que son capaces de ver más allá del «no-yo» y de hablarle directamente a lo que somos. Y si tenemos la suerte de que lleguen a nuestra vida, quizá hasta las terminamos echando. Porque que alguien sepa verte más allá del molde y abrace eso que eres y que llevabas tanto tiempo negando reaviva tanto el dolor que nos puede causar hasta rechazo.

Más allá de esas pocas personas que saben ver más lejos de lo que creemos que somos, lo que hacemos el resto es perpetuar la imagen de los demás con cómo los tratamos. Nos relacionamos unos con otros desde nuestras propias creencias, buscando a quien complemente y alimente lo que creemos que somos y ayudando, con toda nuestra mejor intención, a mejorar a los que queremos y nos importan.

Tienes cara de cansada.
No te queda bien así el pelo.
Estabas mejor con un par de kilos menos.
Con esas notas no vas a llegar muy lejos.

¿Seguro que puedes? No hace falta que te hagas la fuerte.

Anda, déjate de tonterías y sé realista, que tienes responsabilidades.

Nunca se te ha dado bien esto, anda trae, que yo me encargo.

¿Por qué lo sigues intentando? No vas a ser capaz y si vuelves a equivocarte no va a haber quien te aguante.

Yo ya había identificado mi idea de la perfección. Escribiéndola, había dibujado los límites del molde en el que me estaba estrujando, y reflexionando sobre todo lo que creía que iba a haberme hecho profunda y permanentemente feliz y sobre cómo todo eso pasó volando, había entendido que lo que yo creía que tenía que ser no era, ni iba a llegar a ser nunca, garantía de felicidad eterna y que lo que yo creía que tenía que ser estaba limitando mi potencial innato.

Mi siguiente paso era entender quién creía que era para identificar las creencias que iba a tener que destruir si quería recuperar mi esencia. Y todo eso comenzaba con el ejercicio consciente de escuchar y poner por escrito la forma en la que me estaba hablando.

Con la lista delante me comprometí a, siempre que no estuviera en modo de supervivencia con el piloto automático activado, no volver a hablarme nunca jamás de esa manera. Me hice la promesa a mí misma de hablarme como a alguien a quien quisiera y de no permitir, bajo ningún concepto, que nadie perpetuara con sus palabras las creencias limitantes que reforzaban todo lo que yo no era.

Ponerme en el centro de esa manera cambió en muy poco tiempo mi ecosistema, porque en cuanto hice consciente lo que me decía, comencé a ser capaz de reconocer las mismas frases en boca de las personas que me rodeaban y cuando, fiel a mi promesa, desde el amor, pero con firmeza, empecé a pedirles uno a uno que no las repitieran, hubo gente que se mantuvo a mi lado, pero muchas personas empezaron a quedarse cada vez más y más fuera.

Y ¿sabes qué? Que no dolió, porque por primera vez la forma en la que me estaba tratando a mí misma me estaba inmunizando contra la necesidad de validación de fuera.

EJERCICIO PRÁCTICO
Lo que te dices

PASO 1

Lo que te dices escribe los límites de quién crees que eres, y quién crees que eres crea tu realidad. El ejercicio de escuchar conscientemente lo que te dices es el primer paso para deshacer las creencias que te limitan y redescubrir quién eres.

Sin dejar que la mente ejecutiva intervenga demasiado, ve escribiendo aquí las cosas que te dices, lo que crees que eres. Si no te salen así, a bocajarro, escúchate con perspectiva las próximas veintiuatro horas y escribe mañana los resultados.

Es importante que no justifiques ni desestimes nada; todo lo que te brote es por algo, cualquier intento de quitarle importancia es tu mente ejecutiva tratando de eliminar las pruebas del delito.

....

....

....

....

....

....

PASO 2

¿Cuántas de tus personas más cercanas seguirían a tu lado si les hablaras como te hablas tú a diario? Ahora que eres consciente de lo que te dices, de cómo te crees y de lo que creas con ello, vamos a por el segundo paso.

Piensa en una de las personas que más quieras en el mundo. Visualízala frente a ti e intenta imaginarte diciéndole todas y cada una de las cosas que están en la lista. ¿Puedes? ¿Cómo te hace sentir?

....

....

....

....

....

....

....

....

....

....

VIVIR NOTOX

1. LA EXPECTATIVA

Ella no había conocido a su padre porque, quizá por protegerla, su madre nunca quiso que él supiera de su existencia. Pero él vivía en la curva de su nariz y en la forma en la que el pelo se le rizaba, y como ella secretamente sospechaba, en todo lo sucio y lo infame que arrastraba su alma y que la convencía en susurros de que no merecía nada.

Había crecido en uno de esos barrios en los que lo diferente se castiga con palizas y las traiciones con puñaladas, y sintiendo que era tan oscuro lo que vivía dentro de ella como lo que la rodeaba, construyó para protegerse y protegernos una gruesa barrera de autosuficiencia y grasa.

La primera vez que acabó en su cama fue en una de esas huidas desesperadas de mí misma, lacerada por las romas aristas del molde y aterrorizada. Al amanecer, intentó escabullirse rápido, sin que se despertara, pero la abrazó tan fuerte que sintió, por primera vez, alguien la necesitaba y no fue capaz de dejarle.

Él había tenido una infancia terrible. Huérfano de padre antes de nacer y el más pequeño de ocho hermanos, creció entre palizas, gritos y una madre permanentemente arrodillada limpiando manchas de sangre. En cuanto pudo salir al mundo lo hizo con la cabeza rapada, botas con punta metálica y una bomber *acolchada.*

Su tribu y él aterrorizaban en los parques a todo el que

no fuera hombre y blanco, y en las colas de los restau-
rantes de comida rápida manoseaban culos sin permiso
y tiraban fuerte y hacia arriba de tangas y bragas. Con-
ducían a toda velocidad en sentido contrario, quemaban
contenedores, arrancaban papeleras y, cuando había par-
tidos de futbol, rugían embravecidos desde el fondo sur
del estadio.

La primera vez que se despertó en su casa, encontró en
un cajón una citación por robo con violencia, un puño
americano y un espray de pimienta. Pero había algo en
el dolor desgarrado que gritaba a veces desde el fondo
de sus ojos que la convenció de que solo ella iba a ser
capaz de quererle lo suficientemente fuerte como para
conseguir borrar todas sus cicatrices y salvarle.

Yo creía que la virtud estaba en entregarse por completo a la salvación de los demás y así creí que, convir-
tiéndome en experta cirujana extirpadora de traumas
de la infancia, alcanzaría yo por fin la perfección como
persona.

Había algo poético en la figura del mártir, en expiar,
con mi dignidad y con mi cuerpo, el dolor de los
demás y reafirmar así todas mis creencias sobre el
que era mi lugar en la vida. Porque había fuerza en
resistir los golpes en silencio y había una tenacidad
encomiable en dedicar todo mi tiempo y mi energía
a salvar a una persona que no había pedido nunca
ser salvada.

Lo más irónico era la ignorancia de que la felicidad
estaba justo al otro lado, preparada para florecer en
cuanto me dedicase a mí misma apenas una fracción
de lo que por otros sacrificaba. Pero yo estaba limitada
por las creencias de lo que tenía que llegar a ser y ven-

dida por lo que creía que era y merecía y así, solo era capaz de encontrar anestesia a mi dolor en placeres efímeros y consuelo en la creencia de que, entregándome así, por lo menos estaba haciendo algo bueno.

Las expectativas son el cierre perfecto al círculo vicioso de lo que creemos que tenemos que llegar a ser y lo que creemos que somos, porque usan el miedo evolutivo al rechazo como combustible de relaciones tóxicas y contraproducentes y las van avivando, hasta que después del incendio, lo único que queda de quien realmente somos son unas raíces abrasadas.

Desconectados de nuestro poder, ponemos en los demás las expectativas de nuestra felicidad y nos cargamos a la espalda la responsabilidad de la estabilidad de todos los que nos rodean. Y así, los unos por los otros, vivimos permanentemente insatisfechos y permitiéndonos sufrir por miedo a no cumplir con lo que los demás esperan de nosotros.

Este proceso, que marca la dinámica general de cómo nos relacionamos con nuestro entorno, no es necesariamente consciente. En mi caso, hasta hace realmente poco, y aun después de mucho trabajo personal, seguía creyendo que era una apagadora de fuegos, así que veía y trataba a todos los que me rodeaban como unos pirómanos.

Yo misma creaba, buscándola o provocándola, la realidad que necesitaba para confirmar la creencia de quién era yo y así, a lo largo de mi carrera profesional, me he presentado más de una vez voluntaria, sin que nadie me lo pidiera, a resolver el caos tóxico de culturas de empresa pervertidas de poder y miedo. Para confirmar mi creencia de lo que significaba ser una profesional perfecta, me he quedado en ambientes de trabajo en los que la exigencia rozaba el sadismo aun cuando, de tanto amordazarme, el dolor había empezado ya a desgañitar en mi cuerpo.

Otra de mis creencias era la de que estaba aún tan lejos de ser perfecta que no merecía dar un paso al frente y brillar con luz propia, así que en todas y cada una de las empresas que he creado, he repartido las tareas que más me apasionaban entre las personas de mi equipo, impulsándolas y motivándolas a diario a desarrollar su talento mientras enterraba el mío en agotadoras cacerías comerciales y violentas guerras de poder en la misma cumbre por la que tanto había luchado. Porque hasta hace un par de meses, he dedicado mi carrera profesional a cumplir las expectativas propias y ajenas acerca de lo que es el éxito y no a desarrollar la más pura y poderosa expresión de todo mi potencial.

Llega un punto en el que te das cuenta de que lo más valioso que tienes es tu tiempo. El tiempo que nos queda para cumplir nuestros sueños es algo que vivimos como algo infinito cuando somos pequeños pero que, a medida que vamos creciendo, comienza a reducirse a una velocidad de vértigo. Y de pronto, en un cambio de década o cuando llegas a una de las líneas de meta invisibles que le habías dibujado a algo que esperabas alcanzar en la vida, te das cuenta de que todo ese tiempo que tenías por delante se acerca, cada vez más rápido, a cero.

A mí, cumplir un cuarto de siglo fue una de esas líneas de meta que me empujó a intentar priorizarme. Llevaba casi seis años dando ocho horas diarias de clases de yoga, danza y pilates por inercia, en un intento cronificado de cumplir las expectativas de mis padres. Pero atrapada en una pequeña ciudad costera, mi vida no se parecía en nada a lo que me había imaginado que sería cuando era pequeña. Recién casada y recién licenciada como antropóloga, los veinticinco me embravecieron lo suficiente como para vender mi negocio, pedir un préstamo y mudarme a Madrid a estudiar un Máster en Dirección de Empresas.

Había dado el paso de ponerme en el centro, de priorizar mis sueños sobre las expectativas ajenas y empezar de cero y me agradezco cada día el valor que tuve de hacerlo. Porque, aunque ya en Madrid y graduada en el máster con honores, no tardé en volver a dejar que las elecciones de mi rumbo profesional las dirigieran las expectativas propias y ajenas; ese paso que di hacia los sueños que tenía de pequeña me sumergió en un nuevo entorno en el que desarrollarme y transformar lo que era.

Estuve a punto, realmente cerca, de tomar un rumbo más creativo en mi carrera con las prácticas que hice primero en el equipo de diseño de un reconocido diseñador y luego en el departamento de *marketing* creativo de una marca de perfumes, pero nada más graduarme, las *startups* digitales me pusieron por delante la opción de crear y aprender mucho en un entorno en el que se podía conseguir éxito rápido, reconocimiento y dinero. Y me tiré de cabeza.

Entendí rápidamente las reglas del juego y el molde en el que había que encajarse para llegar lejos. Y mientras convertía mi vida en una carrera a contrarreloj por triunfar y a la vez evitar casi diariamente el desastre, le dediqué casi nueve años de mi vida a ser la mejor versión de lo que yo no era. Me esforcé tanto que me levanté una, dos y tres veces después de cada fracaso, y aunque en los momentos en los que estaba disfrutando del poder, el dinero y el reconocimiento que tanto había trabajado por alcanzar seguía sin ser feliz; cuando las cosas dejaban de salir como esperaba, me desgastaba un poco más cronificando el miedo a un dolor que era cada vez más ácido y volviendo a intentarlo.

Una de esas frases que te encuentras haciendo *scroll* y que te abrazan por dentro decía algo así como que cada «no» es la forma que tiene Dios o el Universo de redirigirte hacia lo que deberías estar haciendo. Aunque no seas una persona espiritual, la frase tiene mucho sentido porque, recordando la eudaimonia, solo nos hace verdaderamente felices el desarrollo de nuestro potencial más humano de crear con propósito, y las cosas que nos dan pereza o en las que no brillamos, las cosas que se atascan o no salen lo bien que esperábamos, son todas indicadoras de que no estamos dirigiendo ni nuestra intención ni nuestra energía a desarrollarnos.

Así que en este largo proceso de resetear la relación tóxica que tenía conmigo misma, la forma más efectiva que encontré para liberarme de expectativas propias y expectativas ajenas fue dejando de regar plantas muertas.

Decidida a empezar a vivir Notox, me esforcé por dejar de dedicar mi tiempo, mi energía y mi motivación a todo lo que no me estuviera sirviendo para desarrollar mi potencial. Y todo era todo: conversaciones, películas, publicaciones en redes sociales, alimentos, lecturas o relaciones personales.

Poco a poco dejé de regar todas y cada una de las cosas o personas que no me inspiraban o no me estaban haciendo crecer, porque, al final, estamos aquí para crear nuestra realidad, no para desvivirnos reanimando cadáveres, y para ser capaz de crear una realidad que resonara con mi verdad, necesitaba primero recordar quién era y la única forma en la que iba a ser capaz de conseguirlo era librándome de las expectativas propias y ajenas.

Cuando dejé de regar plantas muertas me di cuenta de que hay pocos actos más revolucionarios que ponerse en el centro. Priorizarse crea una onda expansiva que impacta en todo lo que te rodea, una onda que en muchos casos inspira y en otros aleja. Pero yo no estaba alejando a nadie, solo estaba dejando de representar el papel que los demás y yo necesitábamos para reafirmar nuestros personajes.

Librarse de expectativas en la búsqueda de lo que somos exige reventar el molde y desmentir una a una todas tus creencias limitantes, y hacerlo da muchísimo vértigo, porque estás desafiando la presión social de ser lo más difusos y homogéneos posible y, a la vez, en tu rebeldía, estás forzando el cambio en los demás. Y según lo secuestrados que estén por sus propias creencias, en función de lo enquistados que estén ya en su molde, van a vivir vuestro cambio de contrato desde la inspiración o desde el rechazo.

Tú antes no eras así. Nunca te ha gustado esto.
¿A qué viene esta nueva moda? No es tu estilo.
No te pega. ¿A qué viene esto ahora? Siempre te ha gustado. Nunca te ha importado. ¿A quién estás intentando parecerte? Deja de complicar las cosas. ¿Ahora te molesta? Déjate de tonterías, que llevamos así años.

Tienes derecho a reinventarte todas las veces que quieras, tienes derecho a volver a empezar, a hablar, pensar, vestirte y relacionarte de otra manera. Tienes derecho a probarte, intentarte y disfrutarte una y otra vez, todas las veces que quieras. Porque no necesitas el permiso de nadie para ser quien eres, porque solo tú tienes derecho a decidir cómo expresas tu verdad, con todas las contradicciones que necesites, todas las veces que quieras. Porque la expresión de todo tu potencial es solo cosa tuya, de nadie más. Sea quien sea. Librarse de las expectativas propias y ajenas es un acto de amor a uno mismo. Porque el amor es, incluso químicamente, lo opuesto al miedo, e igual que la adrenalina es antagonista de la oxitocina, cuando dejamos de vivir por miedo a no cumplir lo que los demás y la sociedad esperan, empezamos de verdad a querernos.

Empezar a quererme me obligó a deshacerme de otra creencia tremendamente arraigada; la creencia de que todo lo que me había pasado y me pasaba era responsabilidad o culpa de todos y todo lo que me rodeaba. La seguridad de no tener ningún poder sobre la realidad que vivía me estaba convirtiendo automáticamente en una víctima, y desde ese personaje era incapaz de ver que lo que me arrastraba a las personas y las situaciones que dolían eran las creencias que yo tenía sobre quién era y cómo tenía que ser mi vida.

Porque el origen del dolor es la falta de amor. Esa creencia temprana de que somos imperfectos, de que necesitamos moldearnos, difuminarnos y esforzarnos para ser aceptables nos graba a fuego la idea de que tal y como somos, no merecemos que nadie nos ame, empezando por nosotros mismos. Y así el miedo al rechazo aviva el dolor de amordazar lo que somos y solo el amor que da permiso para expresarnos borra el dolor y deja hueco para la felicidad que tanto buscamos.

EJERCICIO PRÁCTICO
Una carta

Tardé mucho tiempo en perdonarme el dolor que me había provocado a mí misma con la repetición obsesiva de patrones de pensamiento tóxicos. Aún hoy, late algo de esa culpabilidad por todo el tiempo perdido intentando resolver vidas ajenas y por todas las autoviolaciones de mi dignidad por las que me obligué a pasar por miedo al rechazo.

En mis estudios sobre la ciencia de la felicidad de la Universidad de Berkeley, leí sobre la efectividad validada de escribirse una carta de compasión hacia uno mismo. Compasión entendida como empatía llevada a la acción, es decir, ponerte en el lugar de la otra persona y que, una vez ahí, la comprensión de por lo que está pasando te lleve a querer de alguna manera ayudarle a mejorar su situación.

Así que decidí intentarlo, porque seguía enfadada conmigo misma por no haberme respetado y, a la vez, sintiéndome culpable por no haber sido más lista, más ejecutiva y no haber reaccionado antes.

Bolígrafo en mano me volví a contar los momentos más dolorosos de mi vida como si le hubieran pasado a otra persona y descubrí que, en cada uno de ellos, lo había hecho lo mejor que había podido con los conocimientos y las herramientas de las que disponía. Escribirme esa carta me ayudó a valorar todo por lo que había pasado desde otra perspectiva y cuando terminé, había pasado de creerme débil y cobarde a darme cuenta de que yo era una de las personas más fuertes y valientes que había conocido en mi vida.

Te invito aquí a que hagas el mismo ejercicio. Ponte en el lugar en que estabas en los momentos de tu vida que más te han marcado y reconoce y recuerda la fuerza y el valor que tuviste para superarlos. Porque para poder acceder a tu poder necesitas librarte de todo el peso de tu «no-yo» pasado y esta es una de las prácticas más efectivas para perdonarlo y soltarlo.

Carta de compasión

....

....

....

....

....

....

....

....

....

....

....

2. LA TRANSICIÓN

Los nacimientos de mis dos hijos han sido las experiencias más brutales y transformadoras de mi vida. Su padre me dio el regalo de recordarme quién soy y ellos el poder para volver a serlo.

Unos días después del nacimiento de Gael, escribiendo este libro, me encontré, mientras contrastaba un par de estudios sobre el efecto sinérgico de las hormonas del miedo, con la descripción de una etapa del parto que, aun habiendo parido dos veces, nadie me había explicado, esa fase rápida, brutal y decisiva entre la dilatación y el expulsivo: la transición.

Leyendo sobre ella recordé que, en alguno de los vídeos de partos en el agua que había visto en bucle en las últimas semanas de los dos embarazos, justo antes de que, en un par de empujones, el bebé estuviera entre sus brazos, la madre se paralizaba de miedo y tiraba la toalla y la matrona le decía: «Tranquila, estás transicionando».

La transición era la pieza que me faltaba para entender el proceso biológico del parto y para volver a contarme los míos desde una narrativa de poder. Pero resultó ser también la pieza que me faltaba para terminar el proceso de trascender el condicionamiento evolutivo y dar el salto definitivo para empezar a crear la mejor versión de mi realidad.

Durante la dilatación, el cuerpo de la mujer está desbordado de oxitocina. Abriéndose poco a poco en una sucesión lenta y profunda de contracciones rítmicas, empoderado y embriagado, va dejando paso a la vida que lleva nueve meses creando. Durante horas, o incluso días, el cuello del útero se borra para luego irse dilatando y pasar de cero a los diez centímetros necesarios para que salga la cabeza del bebé por el canal de parto.

Las contracciones del útero se van haciendo cada vez más frecuentes y cada vez más intensas, pero, como para todos los procesos biológicos innatos, nuestro cuerpo está equipado con las estrategias necesarias para hacerle frente. Y así, si durante la dilatación te dejan moverte y nada ni nadie interfiere con la expresión natural y necesaria de tus hormonas, es un proceso soportable.

Pero de pronto, justo antes de empezar a empujar, justo antes de que se apodere de él el rugido primigenio de la vida, nuestro cuerpo se aterroriza. Porque para darle a la madre los recursos y la fuerza que va a necesitar para sacarse entre dos y cuatro kilos de bebé de entre las piernas, desata un tsunami de noradrenalina.

Cuando el cuello del útero está dilatado y con la cabeza del bebé preparada para salir, es esta explosión de noradrenalina lo que inicia el reflejo innato del expulsivo, pero también lo que, si nadie te ha explicado el proceso, te aterroriza. Y de pronto, crees que no puedes más, que te vas a morir de dolor o que va a pasarle algo terrible al niño, quieres que pare todo, dejar el parto para otro día y volver a casa, porque estás segura de que no vas a poder hacerlo.

En mi primer parto, ese en el que estuve trabajando en unas proyecciones financieras hasta los seis centímetros de dilatación, cuando empecé a transicionar pedí a gritos la epidural que tanto había rechazado. Todo mi convencimiento de querer un parto natural, humanizado y sin intervenciones innecesarias, desapareció en cuanto se apoderó de mí la noradrenalina.

Después de inmovilizarme entre seis personas, me anestesiaron, me tumbaron, me ataron a una cama con las piernas abiertas y durante dos largas horas empujé a Bosco hacia la vida con la gravedad en contra y sin poder sentir siquiera dónde hacer la fuerza. Sedada, inutilicé las estrategias biológicas innatas perfeccionadas, validadas y automatizadas durante cientos de miles de años para traer bebés a la vida y él sufrió y yo me desgarré por dentro.

Hace algo menos de dos meses, después de una dilatación mucho más consciente, estaba a cuatro patas sobre una camilla de hospital, desnuda y transicionando. Acababa de romper aguas y una de las matronas me susurró al oído «Ahora las contracciones van a doler aún más». Y cegada de hormonas me arrastró de nuevo el miedo. Llegaba a este parto más concienciada aún si cabe de querer vivirlo tal y como estaba naturalmente diseñado, pero en medio del terror volví a pedir una epidural que acabara con el dolor y el miedo.

Y entonces, la otra matrona me miró a los ojos y me dijo: «Si tienes ganas de empujar, ¿por qué no lo vas intentando mientras avisamos al anestesista? Sé que tú puedes hacerlo, solo tienes que confiar en tu cuerpo».

Su confianza y su seguridad me abrazaron por dentro y empujé. Empujé poco, midiendo las fuerzas, creyendo que iba a ser el primero de otros cien empujones, pero justo al terminar la apnea pude notar cómo empezaba a salir su cabeza.

Es la sensación más poderosa que he sentido en mi vida. No me quedaba aire, ni fuerza, pero algo salvaje se apoderó de mí y con un rugido animal y eufórico sentí todo el cuerpecito de Gael salir entre mis piernas. Ignoré el miedo al dolor y rugí a través de él y la simple confianza en mi capacidad para conseguirlo desató el poder innato que me estaba esperando dentro.

Un par de semanas después, sentada en la cama frente al ordenador con Gael dormido en el pecho lloraba aterrorizada mirando el teclado. Era incapaz de escribir. Rehacía cada párrafo diez veces, bloqueada por el miedo al fracaso, al error, al rechazo. Escribir un libro había sido el sueño de mi vida desde que tengo memoria y ahí estaba yo, con la increíble oportunidad de materializarlo y amordazada por el dolor de creer que no era lo suficientemente buena para lograrlo.

No podía más y cuando se me pasó por la cabeza la idea de llamar a mi editora para dejarlo, de pronto me vino una idea que cortó en seco el llanto: estaba transicionando. ¿Y si ese miedo paralizante era justo la antesala para recuperar la conexión con todo mi potencial creativo? ¿Y si solo tenía que ignorar el miedo y gritar a través del dolor hasta terminar de escribir el libro?

Así que cerré los ojos y grité. Grité por dentro, para no despertar al niño, pero grité todo el dolor de años de sentirme imperfecta e insuficiente. Lancé un grito profundo, crudo y eterno. Porque es un grito tan viejo como el mundo, un grito que se lleva repitiendo cada vez que la vida se ha abierto paso entre unas caderas, debajo de un pincel o frente a un teclado. Un grito que en cuanto transmutas el miedo a fracasar por la confianza en que vas a lograrlo, pasa de ser un grito de dolor a un grito de poder y como el ave fénix, resurges libre y empoderado.

Gritando, me di cuenta de que llevaba toda mi vida pidiendo la epidural y dejando que me la pusieran. Y así, todas y cada una de las veces en las que había estado a punto de romper el molde y acceder a todo mi potencial desatando mi esencia, la explosión de miedo a ser rechazada me había empujado a obligarme a vivir anestesiada.

Y anestesiada me había pasado la vida atada a camas, con las piernas abiertas e inmovilizada, intentando crear y ser feliz con la gravedad en contra y siendo incapaz de sentir ni conectar con las capacidades que necesitaba para manifestar lo que deseaba.

Pero en esta transición frente al teclado, cuando ante la oportunidad de cumplir uno de los sueños de mi vida el miedo me revolcó intentando una vez más amordazarme, en esta ocasión decidí atreverme a hacerlo todo de forma diferente e ignorarlo. Por mucho que pudiera doler la inseguridad que tenía delante. Así que miré de frente ese dolor que ya tenía identificado, el de las desgarradoras aristas del molde, y decidí, por primera vez, enfrentarlo.

Ahora estoy caminando a través de mi dolor y cuanto más confío en mí y menos miedo tengo, menos duele. Porque ahora que sé que la felicidad no se encuentra siendo perfecto, ahora que sé que soy única, no imperfecta, y que vivir por las expectativas propias y ajenas es como ir por ahí regando flores muertas, es ahora cuando estoy donde tengo que estar para empezar a recordar y reconocer quién soy.

Recordarme no está siendo fácil y aún estoy en el proceso. Ya sé lo que no soy, porque no podemos ser nada que tengamos que forzar, ni arrastrar, ni anestesiar luego. Porque lo que creemos que tenemos que llegar a ser y lo que creemos que somos no puede ser verdad, porque lo hemos construido con la imagen que nos han devuelto desde su dolor otras personas. Nada de lo que duela puede resonar con nuestra verdad y no nos ayuda a expresarla nada de lo que hagamos por miedo.

Lo que realmente somos late en las cosas que nos apasionaban de niños y es lo que, cuando creemos el silencio para escucharla, nos recuerda suavemente una voz dentro. Los silencios los creamos cuando estamos en la zona, cuando estamos presentes, cuando respiramos de forma consciente, cuando meditamos o cuando hacemos cualquier cosa que nos apasiona. Cuando dejamos de editar el *reality* y nos quitamos las lentillas intraoculares con las que filtramos nuestra vida, ahí, justo ahí, empezamos a escucharnos.

Y lo que nos dice la voz a veces aterroriza, porque nos señala caminos abruptos, inexplorados y que van en contra de todo lo que creemos posible y de todo lo que nos creemos merecedores y capaces. Pero la voz de nuestro yo lo que quiere es que dejemos de obligarnos a ser lo que no somos, que nos prioricemos, que nos desarrollemos, que nos liberemos.

Nos encontramos también en las cosas que nos inspiran. Cualquier cosa que haga que se te ponga la piel de gallina tiene mucho que ver con quién eres realmente. Todo lo que te emocione, te interese, te haga perder la noción del tiempo, todo lo que haya sido siempre el sueño de tu vida eres tú. Por eso no puedes conformarte, no puedes atascarte en lo cómodo, en lo fácil, en lo conocido, porque solo en las cosas que de verdad te inspiran está la llave para recuperarte.

Y eso que eres en esencia es lo que, si lo expresas, transforma tu vida, pero mientras lo reprimas se convierte en ese dolor que te vacía por dentro y que intentamos llenar con placeres contraproducentes y relaciones tóxicas y destructivas.

A lo que creemos que tenemos que ser nos empuja el miedo. A lo que realmente somos nos lleva, suave y firme, querernos.

EJERCICIO PRÁCTICO
Yo soy

Escribir la lista de lo que realmente eres es de esas cosas que son un poco como una botella de champán. Descorcharlas cuesta, pero en cuanto sale el tapón, todo lo demás viene a borbotones.

Recordando el poder de las palabras para construir la realidad, me senté delante del cuaderno para escribir la mía. Porque si todo lo que me habían y me había dicho durante toda mi vida había sido capaz de mantenerme sumergida en el modo de supervivencia, huyendo del dolor, tenía el poder de transformar mi narrativa creando una nueva lista de «Yo Soy».

Yo soy ....

....

Yo soy ....

....

Yo soy ....

....

Yo soy ....

....

Yo soy ....

....

Yo soy ....

....

Yo soy ....

....

Yo soy ....

....

Yo soy ....

....

Yo soy ....

....

Yo soy ....

....

Yo soy ....

....

3. EL PODER

Termino de escribir este libro en el puerperio. Venía de limpiar detrás del último tornado que había provocado al intentar, una vez más, reducirme a mi más mínima expresión y materializar, por miedo, mi sueño a medias. Los resultados viviendo Notox de cientos de personas, páginas y páginas de notas tras años de investigación frenética, de entrevistas a expertos y científicos y de apuntes de mis estudios en neurociencia esperaban garabateados en cuadernos y esparcidos por documentos en la nube a que terminara de contener los daños del colapso y encontrara la capacidad de concentración necesaria para convertirlos en este libro, en el octavo mes de embarazo.

Porque aun habiendo trabajado durante años con el placer, el miedo y el origen del dolor, las expectativas me tenían atascada justo un paso antes de mi poder. Este último paso lo he dado contigo.

Y solo cuando he empezado a caminar a través de ese dolor del que llevaba prácticamente toda mi vida huyendo, la corriente de creatividad continua que me llenaba de niña y que se había ido poco a poco disecando ha vuelto por fin a brotar a borbotones y con un bebé acurrucado sobre el pecho la he ido volcando en estos párrafos.

Neutralizado el dolor con las partes de mí que voy recuperando, esa hambre emocional que mantenía a raya con mucha meditación y respiración consciente, se ha desvanecido y la necesidad de anestesiarme con dulces, aunque fueran Notox, ha desaparecido.

Ya sé lo que no soy, y desde aquí ya no voy a poder estrujarme para volver a entrar en ningún molde, porque ahora que estoy liberada me estoy expandiendo y todo lo que sí soy no cabe en ninguna definición, etiqueta o personaje.

Trascendido el miedo evolutivo al rechazo del grupo, yo soy sin pedir permiso a nadie. Recién estrenada, estoy solo empezando a atisbar las consecuencias transformadoras de empezar a vivir plenamente desde mi consciencia y de desarrollar, por fin, mis capacidades más humanas.

Nos relacionamos los unos con los otros desde nuestro dolor, intercambiándonos expectativas como si fueran cromos y responsabilizándonos los unos a los otros de nuestra realidad. Para perpetuar el equilibrio, en un contrato implícito, nos exigimos seguir representando los papeles que necesitamos para seguir siéndoles fieles a las creencias que tenemos sobre los demás y sobre nosotros mismos. Pero yo he abandonado la función, y desde el amor he dejado de permitir que nadie siga intentando perpetuar sus creencias diciéndome quién soy, de qué soy capaz y cómo debo comportarme.

A veces son relaciones personales o profesionales completas y a veces son solo frases, pero donde antes me quedaba ahora me marcho y cuando antes me callaba agudizando el dolor, ahora hablo, y con cada palabra que digo hacia fuera y hacia dentro defendiendo lo que soy, reconstruyo el amor que me faltaba desde los cimientos.

He encontrado inspiración en las personas que son públicamente incómodas, esas que, cuando ven que una creencia está limitando el desarrollo del potencial de un grupo de *Homo sapiens* al que alguien ha decidido ponerle una etiqueta, en vez de callarse hablan y lo hacen lo más alto y lo más elocuentemente posible.

Philip Zimbardo, que ha investigado durante décadas cómo convertir a gente normal y corriente en perpetuadores de estructuras violentas y denigrantes, lleva los últimos años investigando todo lo contrario, qué es lo que ocurre para que personas de carne y hueso se conviertan en héroes reales. Y sus conclusiones son muy interesantes: el heroísmo consiste en tener la fuerza interna necesaria para seguir nuestra brújula moral en momentos de incertidumbre, porque para que el mal triunfe solo es necesario que la gente buena no haga nada.

Y así, los héroes sin capa, esos que sin pensarlo se lanzan a trepar edificios para salvar a un niño que cuelga de un balcón a duras penas, o se tiran a las vías del metro para proteger entre los raíles a un suicida con su cuerpo comparten, según Zimbardo, las mismas características que esos otros héroes que con su defensa pública de causas sociales han cambiado el curso de la historia.

Los héroes están viviendo conscientemente el momento presente. Solo así pueden percibir el dolor o el peligro de quien los está necesitando e identificar la oportunidad de convertir la empatía en acción y hacer algo.

Los héroes no temen la confrontación, de hecho, la buscan, porque ven en ella la oportunidad para inspirar el cambio y, con suerte, transformar las creencias que están causando el daño. E igual que no temen la confrontación, los héroes tienen en común haber trascendido el miedo evolutivo al ostracismo social y al rechazo del grupo y solo así desafían, si es necesario, el miedo a las consecuencias que pueda tener salirse del guion de mansedumbre generalizado

Este manual de heroísmo resuena con todo lo que hemos integrado en este viaje por el placer, el miedo y el poder, porque estas mismas características son también las necesarias para convertirnos en los héroes diarios de nuestra propia vida, llegar a trascender lo animal y empezar a vivir desde todo nuestro potencial humano.

Desde la consciencia, la vida se llena de propósito. Cuando dejamos de operar desde el miedo, drenados por la lucha innecesaria por la supervivencia, le devolvemos el espacio y los recursos al potencial único que cada uno de nosotros poseemos de forma innata, y en el proceso de desarrollarlo, encontramos la felicidad que llevábamos tanto tiempo buscando.

Y es que reconectar con lo que somos es como volver a casa. Para mí, ha sido el abrazo que he perseguido durante años en la comida, en el éxito profesional y en cumplir todas las expectativas que me iba encontrando. Porque he desterrado el miedo a ejercer su función solo cuando mi vida corra realmente peligro y voy a usar el placer solo para disfrutarla, porque una vez racionalizadas y anuladas las creencias limitantes, no necesito ya anestesiar nada.

Desde aquí, solo me queda por delante el apasionante propósito de desarrollarme, de exprimir cada minuto de esta vida atreviéndome a intentar todo lo que me ponga la piel de gallina y, consciente de mis condicionamientos evolutivos, rehacer desde el libre albedrío todas las decisiones que pueda.

EJERCICIO PRÁCTICO
Yo creo

Te invito a que hagas conmigo este ejercicio.

Es tan bonito como interesante que, en español, «yo creo» significa tanto que tú *crees* como que tú *creas*. Y de eso va este ejercicio, de creer para crear cuál es la vida más auténtica, más libre y más extraordinaria que puedes imaginar.

Dedícale a describirla todo el tiempo que quieras, puedes incluso sacarla de este libro y llevarla a una pared, a un lienzo o a cualquier otro soporte creativo.

Vigílate, porque a cada frase, nota o pincelada, van a intentar volver las creencias limitantes con sus: «¡Anda no te pases!», «¿Pero qué te crees?», «¡Si tú para eso no vales!». Ni caso, ignóralas por completo y sigue imaginando. Pon a trabajar tu capacidad más humana y da el salto, para que poco a poco, desde tu nueva mente libre de moldes, con todo el tiempo y los recursos que has recuperado, la mejor realidad que eres capaz de imaginar se vaya materializando.

....

....

....

....

....

EL PODER

VIVIR NO**TOX**

BIBLIOGRAFÍA

Si te interesa ampliar cualquiera de los temas de este libro, comparto aquí contigo las lecturas que, además de toda la formación académica, me han acompañado y empoderado en el proceso de empezar a vivir Notox. Escritos todos por autores que admiro muchísimo, profundizan y amplían algunos de los aspectos teóricos y prácticos de este libro.

COMER NOTOX:

Teoría:

MARTÍNEZ-GONZÁLEZ, Miguel Ángel: *Salud a ciencia cierta: Consejos para una vida sana (sin caer en las trampas de la industria).* Barcelona: Planeta, 2018.

RÍOS, Carlos: *Come comida real: Una guía para transformar tu alimentación y tu salud.* Barcelona: Paidós, 2019.

VÁZQUEZ, Marcos: *Fitness revolucionario. Lecciones ancestrales para una salud salvaje.* Madrid: Anaya, 2018.

Práctica:

MOCKER, Elka: *Ama, come, vive, brilla: Cocina honesta para conquistar tu salud.* Barcelona: Lunwerg, 2017.

SUCRÉE, Chloé: *Being Biotiful: Comidas deliciosas, rápidas y saludables con el método Batch Cooking.* Barcelona: Grijalbo, 2019.

PENSAR NOTOX:

Dispenza, Joe: *Deja de ser tú.* Barcelona: Urano, 2012.

García Méndez, Isabel: *Piensa, intuye y acertarás: Aprende a desarrollar tu intuición.* Barcelona: Gestión 2000, 2011.

Kahneman, Daniel: *Pensar rápido, pensar despacio.* Barcelona: Debate, 2015.

VIVIR NOTOX:

Harari, Yuval Noah: *Sapiens. De animales a dioses: Breve historia de la humanidad.* Barcelona: Debate, 2015.

Pinkola-Estés, Clarissa: *Mujeres que corren con los lobos.* Barcelona: Ediciones B, 2010.

www.ingramcontent.com/pod-product-compliance
Lightning Source LLC
Chambersburg PA
CBHW020434130626
46549CB00001B/138